L'humain d'abord

REGARDS CROISÉS

Pour des professionnels bien traités et bientraitants

Jean-Louis Deshaies

avec

Lætitia Delhon

Préface de

Bruno Meslet

Postface de

Christian Heslon

2017

PRESSES DE L'ÉCOLE DES HAUTES ÉTUDES EN SANTÉ PUBLIQUE

DES MÊMES AUTEURS

Jean-Louis Deshaies

Football, spectacle et violence (Chiron, 1987)

Foot-passion. Le plaisir par le jeu (Amphora, 1991)

Mettre en œuvre les projets : l'approche socio-économique (L'Harmattan, 2000)

Réussir l'amélioration continue de la qualité en action sociale et médico-sociale (Dunod, 2006)

Stratégies et management : briser l'omerta ! Un enjeu éthique pour les établissements sanitaires, sociaux et médico-sociaux (Presses de l'EHESP, 2014)

Lætitia Delhon

Pas si fou : quand un village accueille le handicap psychique (entretien avec Alain-Paul Perrou, Presses de l'EHESP, 2016)

Pour contacter les auteurs :
– jldeshaies@gmail.comhttp://efficioconseil.fr
– laetitiadelhon@gmail.com

ISBN : 978-2-8109-0634-5
www.presses.ehesp.fr

Remerciements

À mes enfants et à leurs compagnes, Vincianne, Floran et Aurélie, Romain (douloureusement absent depuis quelques années) et Stéphanie. À mes petits-enfants, Maxence, Zack et Maëlle. À mon épouse Anne-Marie (éducatrice spécialisée), lectrice assidue des différentes épreuves de cet ouvrage.

À ceux qui ont plus particulièrement contribué à la concrétisation de mon parcours : Roland Arnault, Henri Savall et Véronique Zardet, Bruno Grasser, Loïc Le Gal, Olivier Cany, Elie Charrier et Michel Vivion, Christian Heslon… À tous les acteurs qui m'ont fait et me font confiance pour les formations et les accompagnements que j'assure.

À mes amis fidèles, les uns comme les autres, toujours là pour donner toute sa dimension à l'humain.

À Marie-Laure Mercier, secrétaire d'EFFICIO, pour sa contribution active à l'avancée des différents manuscrits.

À Lætitia Delhon, pour la richesse de nos échanges, la justesse de leur transposition, la qualité de son écoute et de ses questionnements, la force des propos qu'elle a su traduire avec talent.

À tous les contributeurs qui, par leurs témoignages, ont enrichi nos propos.

Jean-Louis Deshaies

À ma famille et belle-famille,

À mes amis fidèles,

À Jean-Louis,

À l'équipe des Presses de l'EHESP.

Lætitia Delhon

Liste des contributeurs

Laure Bénitah, éducatrice spécialisée, éducatrice de rue dans un centre d'accueil et d'accompagnement à la réduction des risques pour les usagers de drogues (CAARUD) à La Réunion, déléguée du personnel pour l'association Réseau Oté ! et impliquée dans des actions militantes pour une authentique inclusion sociale.

Mélanie Brovelli, directrice de la maison départementale des personnes handicapées (MDPH) des Alpes-de-Haute-Provence, ancienne cheffe du service insertion de ce même département, diplômée de l'institut d'études politiques d'Aix-en-Provence en 2001, et titulaire d'un DESS « Aménagement, urbanisme et développement local ».

Marie-Laure de Guardia, directrice de l'institut départemental de l'enfance et de l'adolescence (IDEA) des Pyrénées-Orientales, titulaire d'un master de droit des collectivités territoriales, diplômée de l'EHESP en tant que directrice, ancienne directrice et directrice des ressources humaines (DRH) dans des centres hospitaliers (Narbonne, Aix-en-Provence, Perpignan) et en centre hospitalier spécialisé (Thuir).

Christian Heslon, spécialiste des âges de la vie, titulaire d'un doctorat de l'université de Sherbrooke (Québec, Canada), enseignant-chercheur en psychologie à l'université catholique de l'Ouest (UCO) d'Angers, chercheur titulaire au Centre de recherches sur le travail et le développement (CNAM-Inetop Paris), membre de la chaire UNESCO « Lifelong Guidance and Counselling » (université de Wroclaw, Pologne), du groupe de recherche « Longévité et vieillissement » de la Caisse nationale d'assurance vieillesse (CNAV) et du Gérontopôle des Pays de la Loire. Il a d'abord été psychologue clinicien en établissements médico-sociaux et d'hébergement pour personnes âgées dépendantes (EHPAD), puis formateur-consultant.

Pascal Hory, architecte DPLG, co-gérant de l'agence Parallèle Architecture à Lille, spécialisé dans les domaines hospitalier, médico-social, scolaire, ainsi que dans les logements, les équipements sportifs, le tertiaire et l'industriel, président de l'association WAAO (We Are Archi Open)/Centre d'architecture et d'urbanisme à Euralille.

Nicolas Martin, diplômé de l'École des hautes études en santé publique (EHESP), et Pierre Salomon, titulaire d'un certificat de gestion et management stratégique, superviseur d'équipes en établissements sanitaires, sociaux, médico-sociaux et scolaires, interviennent pour la société DirecTransition. Elle assure des transitions de direction dans des contextes de fragilité ou de turbulences, en répondant aux attentes d'organismes gestionnaires pour faire face et répondre à des difficultés organisationnelles, managériales, fonctionnelles, administratives ou financières.

Éric Massat, éducateur spécialisé, avec un parcours en maisons d'enfants à caractère social (MECS), en institut médico-psycho-pédagogique (IMPP) et dans les services de mandataires judiciaires pour la protection des majeurs, où il est devenu chef de service.

BRUNO MESLET, médecin inspecteur de santé publique, ayant une expérience dans l'aide au développement (Niger, Tchad, Bénin, Madagascar) et dans les agences régionales de santé (ARS Pays de la Loire, ARS Océan Indien). Ses domaines d'intervention portent essentiellement sur l'organisation de l'offre de soins et d'accompagnement pour les personnes souffrant de troubles psychiques, de troubles addictifs, des personnes sous main de justice et des personnes en situation de handicap.

TONY POIRIER, salarié dans la grande distribution, sensibilisé aux situations d'accompagnement des jeunes en difficulté sociale, ancien adolescent accueilli plusieurs années dans un institut de rééducation.

ROGER WEYL, ex-directeur général d'associations, fondateur du cabinet Gouvethique, spécialisé dans l'accompagnement des associations confrontées à des problèmes de gouvernance, de gestionnaire, d'employeur.

Avant-propos

Lætitia Delhon

Derrière une mission en apparence simple (répondre aux besoins particuliers de publics fragiles ou vulnérables), le secteur social et médico-social reste éminemment complexe. Il englobe une myriade d'acteurs, de situations, d'enjeux, d'évolutions et d'intérêts, pas toujours convergents. Témoins de cette complexité : ses innombrables sigles sur lesquels tout novice se casse le nez.

Il faut donc au journaliste beaucoup de temps, de reportages, d'enquêtes, de réflexion et d'analyses pour commencer à mieux comprendre ce champ, si riche d'expériences, d'innovations et d'ambition. Un travail de fond qui semble n'avoir pas de fin, jalonné de rencontres auprès de professionnels et de publics. Dans un secteur où le tiers a une place prépondérante, c'est précisément le rôle du journaliste : rendre compte des actions au plus près de la réalité vécue par chacun, des expériences intéressantes, des situations douloureuses ou heureuses, des aventures humaines.

L'extraordinaire ne lui échappe pas. Il fut au cœur de mon premier ouvrage, *Pas si fou* (2016), racontant une magnifique histoire ancrée dans le réel. Mais l'ordinaire doit aussi attirer son attention, ces gestes et mots répétés chaque jour, ce travail d'équipe, de relation et d'engagement auprès des publics. C'est cela qui « dit » le secteur, ses symptômes, ses faiblesses, ses forces, ses projets.

Cet ordinaire-là n'est pas facile à saisir : autocensure des professionnels, difficultés à dire leur réalité, craintes (parfois justifiées) de s'exprimer, fourches caudines des services de communication enclins à vanter les « réussites » et non les dysfonctionnements, visites de certains établissements impossibles ou « contrôlées »... Et si les syndicats et les organisations représentatives prennent la parole, elle ne suffit pas à donner le pouls. À dire ce qu'il se passe vraiment.

Rares sont donc les « Jean-Louis Deshaies », osant dire ce qu'ils pensent, connaissant finement le secteur dans toutes ses aspérités, s'appuyant sur un large corpus théorique sans carcan idéologique, avec un puissant sens du pragmatisme. Autant de qualités qui lui permettent ici d'offrir une réflexion inédite et ô combien nécessaire sur les principaux maux qui rongent les établissements et services sociaux et médico-sociaux : le mal-être au travail et son revers, la maltraitance, négligence ou piètre qualité d'accompagnement.

Beaucoup, sur le sujet, a déjà été dit. Entre autres : l'accroissement des normes, la transformation des associations, le manque de moyens, sur fond de libéralisation rampante. C'est un fait : les acteurs du secteur devront toujours se battre pour le défendre. Mais Jean-Louis Deshaies invite à sortir du fatalisme avec des solutions simples et de bon sens.

Elles ne vont toutefois pas de soi. Ces solutions impliquent de modifier profondément le fonctionnement interne des établissements et invitent les professionnels, quels qu'ils soient, à réinterroger leur place, leur posture, leur relation avec leurs collègues. Cet ouvrage trace donc une voie des possibles, donne des clefs pour revenir à l'essentiel : l'humain partout, l'humain d'abord. Parce qu'il ne suffit pas de le dire, de le penser, mais qu'il faut surtout le poser en actes, nous avons souhaité, modestement, apporter notre petite pierre à ce vaste édifice.

Préface

Bruno Meslet
Médecin de santé publique

J'ai rencontré récemment Jean-Louis Deshaies à l'initiative de Christian Heslon, organisateur d'un dîner amical dans ces terres lointaines d'outre-mer à La Réunion où nous intervenions professionnellement dans nos domaines respectifs.

Notre ami Christian Heslon a fait preuve une fois encore de ses qualités indéniables pour créer du liant entre des personnes d'horizons différents. Le prétexte de nos attachements respectifs à notre Anjou, d'origine ou d'adoption, a assez vite débouché, après un hommage à la qualité de son terroir, à des échanges plus profonds sur ce qui nous habite. L'humain déjà, on le trouve dès cette première rencontre et son caractère convivial.

Les itinéraires qui nous ont construits sont bien différents. Jean-Louis Deshaies nous raconte dans le début de son ouvrage comment, étape par étape, de rébellions en rébellions, il remettra en cause constamment un parcours trop linéaire et convenu à son goût. Ce parcours n'est pas anodin. Il façonne cet homme et fait de lui un consultant ancré dans la réalité, le pragmatisme et le bon sens, apprécié pour sa capacité à aider, à construire, à avancer. Cet itinéraire atypique et riche lui permet d'offrir des démarches d'accompagnement éloignées des recettes « standards », des discours et recommandations stéréotypés. Il y a puisé les ingrédients qu'il préconise pour toujours aller plus loin, progresser, arriver à une meilleure qualité des services rendus grâce à l'épanouissement de chacun au sein d'une équipe.

Comment m'a-t-il vu arriver, médecin inspecteur au sein de l'ARS, autorité toujours prête à donner des instructions contraignantes, contrôler les dotations financières et télescoper le travail d'évaluation et d'accompagnement qu'il propose aux établissements ou services social ou médico-social (ESSMS) ? Après un temps d'observation, une belle rencontre s'est faite autour de valeurs communes et d'une certaine vision de nos missions.

Dans son précédent ouvrage chez le même éditeur, *Briser l'omerta !*, Jean-Louis Deshaies alliait une grande densité sur le fond, une pugnacité sur les interpellations ô combien pertinentes parce que dérangeantes et un art de la dérision grâce aux illustrations humoristiques de son fils Romain.

Ce nouvel ouvrage, que j'ai l'honneur de préfacer, vient le compléter, avec la même exigence, abordant sans concession, à travers le vécu des uns et des autres, les difficultés concrètes du travail au quotidien et d'un bon management dans les ESSMS.

Chacun s'y retrouve, chaque situation entre en écho avec des épisodes que nous avons tous vécus.

L'humain d'abord : oui, Jean-Louis Deshaies, dans cet entretien avec Lætitia Delhon, a raison de le proclamer haut et fort. C'est une notion à revisiter constamment, car elle s'étiole facilement. Elle doit rester au cœur de nos préoccupations afin que nous ne confondions jamais la finalité de nos missions (« l'humain d'abord », son bien-être, sa santé) avec les outils, les processus et moyens pour y parvenir.

Tout soignant, quelle que soit sa fonction, ne doit jamais oublier que nos disciplines s'appuient sur deux piliers : des sciences techniques (biologiques pour les uns, éducatives pour les autres...), qui nous sécurisent, mais aussi et surtout des sciences humaines (écoute, compréhension, empathie...). J'ai eu la chance, pour ma part, de faire mes premiers pas de médecin dans l'aide au développement en Afrique, aux côtés d'un anthropologue. Rapidement, il a remis en cause ce savoir technique au contact des personnes qui ne comprenaient pas et n'adhéraient pas à ce qui leur était « prescrit ». Une bonne claque pour un « sachant » façonné par sept années d'études ! Voilà comment revenir vite dans la vraie vie, comprendre que tout commence par l'écoute de l'autre et que rien ne se construit sans l'apport et les compétences de tous les membres d'une équipe.

En tant que médecin inspecteur de santé publique, j'ai commencé à exercer au début des années 2000. Période riche dans le domaine médico-social avec les lois de 2002 et de 2005 qui repositionnent les personnes âgées et les personnes en situation de handicap dans le droit de vivre dans notre société… et pas seulement à la marge dans des établissements à l'abri des regards. Des programmes de prévention de la maltraitance étaient instaurés : comment fallait-il aborder ce sujet ô combien crucial mais très délicat ? On risquait vite de tomber dans des entretiens stéréotypés où chacun aurait juré, la main sur le cœur, que tout allait bien. J'ai choisi de commencer les entretiens en reconnaissant d'emblée, à chacun, un droit naturel à des pulsions vives ou agressives par rapport à des résidents, forcément difficiles pour certains. Une fois cela reconnu, l'intérêt était de savoir comment individuellement ou collectivement ils arrivaient à anticiper, à gérer et à prévenir les situations potentiellement génératrices de risque de maltraitance. Cette barrière de l'autocensure levée, on pouvait alors aborder les vrais sujets et commencer à travailler le fond.

L'humain d'abord, c'est donc savoir bien écouter, se nourrir de la richesse de chacun pour une co-construction déclinée ici sous différents angles. Chacun a sa place dans cette intelligence collective, avec le respect des compétences et des fonctions spécifiques, aussi indispensables les unes que les autres, sans aucune hiérarchie entre elles. Il faut assimiler et reconnaître nos faiblesses individuelles et le droit à l'erreur, en rappelant que les solutions se trouvent d'abord et surtout dans un travail collectif.

C'est aussi le sens des réflexions que partage avec nous Jean-Louis Deshaies.

Enfin, cet ouvrage souligne un effet paradoxal entre la professionnalisation incontournable (normalisations, mise en place de procédures et de protocoles) et l'assèchement d'un militantisme associatif induisant inexorablement une perte de motivation et d'initiatives. Alors, comment professionnaliser sans désamorcer la fibre militante ? Comment normaliser et mettre de l'ordre dans les procédures sans démotiver l'engagement des acteurs/militants ?

Le sujet « professionnalisation/militantisme associatif » est source de beaucoup d'incompréhensions et la nostalgie d'un passé militant sert souvent de paravent afin d'éviter de se poser les vraies questions. Il n'y a rien d'antinomique à vouloir mettre de l'ordre et de la qualité dans l'organisation de son travail au profit des usagers et à garder une motivation militante. Je dirais même que l'un ne va pas sans l'autre.

Pourtant, le danger est réel. Il ne faut pas se laisser leurrer, et savoir distinguer un projet d'établissement parfaitement écrit mais aseptisé et un projet parfaitement porté par les acteurs concernés. Les procédures visant une meilleure qualité des services ne sont pas des finalités mais bien des moyens. Le plus important restera toujours l'animation qu'on saura déployer « pour harmoniser la qualité de l'accompagnement et la qualité de vie au travail », comme nous y invite Jean-Louis Deshaies.

Cet ouvrage imprégné de situations concrètes permet à chacun d'entre nous de s'interroger, de revisiter ses pratiques et de progresser sur son travail. C'est en cela qu'il est salutaire.

Introduction

Jean-Louis Deshaies

Ancien délégué syndical, mes prédispositions à ne pas tout accepter ont toujours émaillé mon parcours. Un événement marquant fut la dénonciation, à la fin des années 1980 et au début des années 1990, de mon contrat de travail alors que j'étais directeur adjoint dans un institut de rééducation.

L'association s'apprêtait à supprimer les congés trimestriels des personnels : j'ai osé dire en réunion de comité d'établissement qu'ils me paraissaient autant justifiés que ceux des enseignants dans l'Éducation nationale – d'ailleurs je ne comprends toujours pas pourquoi ces trois semaines annuelles prises chaque trimestre ne sont pas généralisées à tous les établissements sociaux et médico-sociaux.

La plupart des administrateurs étaient d'anciens enseignants, le président était lui-même ancien inspecteur adjoint d'académie. Que n'avais-je pas osé dire ? La situation est vite devenue réciproquement insupportable et intenable, au point que mon meilleur ami de l'époque, enseignant et administrateur – qui fut mon témoin de mariage et présidait le club de football que j'entraînais – m'a exclu de ses relations, par solidarité avec ses pairs. Ce n'est que 25 ans plus tard, quelques jours avant son décès, que nous avons eu un bel échange dans lequel il m'a confié avoir, à son corps défendant, été manipulé et instrumentalisé à l'époque. Que de dégâts liés à l'orgueil et à l'absence de discernements, de toutes parts, au risque d'anéantir une amitié solide, reconstituée au moment ultime de la vie de cet ami, Roland Arnault.

Dans les trois décennies qui ont suivi, au cours de mes expériences de directeur puis de consultant, j'ai rencontré un grand nombre d'acteurs dans les formations qualifiantes auxquelles je contribue et dans les accompagnements que j'assure. Dans toutes les situations vécues, j'ai pu faire le double constat qui interroge une même place : celle de l'humain.

Bon nombre d'organisations ont placé l'humain au cœur de leurs projets et de leurs actions, considérant ce postulat de bon sens comme la base incontournable devant guider les postures de chaque professionnel. L'humain au cœur de l'accompagnement des personnes, l'humain au cœur de l'organisation de travail pour la qualité de vie des personnels.

D'autres, en revanche, n'ont pas su, pas pu ou pas voulu se situer résolument sur de tels principes fondamentaux, générant ainsi des postures inadaptées à toutes les strates de l'organisation : fonctionnements hyperhiérarchisés, aseptisés par les normes, déshumanisés par manque de respect et confiance les uns envers les autres, souvent par absence d'humilité.

Tout cela a sans doute contribué à l'écriture de mon précédent livre, *Briser l'omerta !* (Deshaies, 2014) dans lequel j'invitais à en finir avec la complicité des majorités ou des minorités silencieuses, actives dans les coulisses, à ne plus masquer les actes de maltraitance et de mépris à l'égard des personnes vulnérables accueillies et accompagnées. Mais aussi à l'encontre des professionnels, eux-mêmes parfois dédaigneux et irrespectueux vis-à-vis de leur hiérarchie. Je parlais aussi d'instances représentatives du personnel (IRP) abusant de leurs mandats électifs. J'évoquais également le despotisme de certaines directions… Jean-René Loubat présentait ainsi cet ouvrage dans sa préface : « C'est une de ces bombes salutaires qui font exploser les certitudes qui nous enferment, la gangue d'hypocrisie qui entoure progressivement et inéluctablement tout fonctionnement institué depuis trop longtemps, "l'omerta" qui protège les rentes de situation cachées et qui fige les structures sociales, la culture "canal historique" du travail social. »

Il fallait bien une suite à ce livre. Aussi ai-je soumis un nouveau projet pour prolonger *Briser l'omerta !* aux Presses de l'EHESP. Sébastien Riault, le directeur, et Yann-Félix Thouault, éditeur, ont alors eu la magnifique idée d'envisager le présent récit sous forme d'interview, proposée alors à la remarquable journaliste Lætitia Delhon.

C'est donc un livre écrit à quatre mains qui vous est présenté, en développant à l'appui du concret du quotidien les écueils rencontrés et leurs conséquences, les symptômes courants, les responsabilités multiples pour mieux insister sur les solutions de bon sens à mettre en mouvement, l'intelligence collective à ancrer dans les pratiques, l'avenir à promouvoir sur des bases co-constructives.

Si je devais le dire plus simplement, il nous faut sortir de cette logique où la plupart des acteurs – quels que soient leurs rôles et places – s'attribuent la bonne marche du travail et rejettent les problèmes sur les autres.

Cette réflexion, ces outils qui visent à remettre l'humain au cœur de chaque organisation dépasse le seul horizon du secteur social et médico-social. Tout ce qui est développé ici peut être transposé dans le monde de l'entreprise ou le secteur du soin : partout où le travail, produit en équipe, est soumis à de fortes évolutions qui bien souvent sont communes.

Bientraitance affichée, souffrance réelle

Des symptômes aux lourdes conséquences

« Traiter des bons sujets dans les bons endroits, aux bons moments avec les bonnes personnes. »

DES OBSERVATIONS ISSUES DE L'EXPÉRIENCE

Après* Briser l'omerta !, *un essai sans concession sur certaines réalités du secteur social, vous souhaitez ancrer la dimension humaine dans les pratiques institutionnelles : pourquoi cette appétence pour un tel sujet ?

Cela tient d'abord à mon propre vécu : une enfance très perturbée et abîmée d'où je ne suis sorti que grâce à l'abnégation d'une mère aimante. Un passage au petit séminaire pour répondre au vœu de ma très dévote grand-mère maternelle, clouée depuis de nombreuses années sur son fauteuil. Des apports certains dans un contexte très contraint et parfois violent (« La règle en fer que je te cogne et que je te jouis sur les pognes », comme le chantait Henri Tachan) dans un climat où la solidarité entre apprentis-curés nous faisait survivre.

Jusqu'au jour où la rébellion prend le dessus avec les effets dévastateurs d'une démobilisation scolaire qui conduit vers une voie de garage. C'est ainsi que, bon an mal an, je me suis retrouvé modeste employé de banque avant de passer cinq ans à la Caisse des dépôts et consignations (la « Caisse des dépits et consternations », comme le disait un collègue devenu un ami très proche).

Ce fut tout de même l'occasion de m'engager avec passion dans le mouvement syndical et, parallèlement, dans les animations socioculturelles et sportives. J'ai compris que ma voie était sans doute ailleurs que dans la paperasserie administrative et j'ai franchi le Rubicon, quitté la fonction publique pour un poste de candidat-élève-éducateur, en faisant le choix délibéré de perdre le tiers de mes revenus.

Pouvez-vous retracer votre parcours, 40 ans dans le secteur social et médico-social, dans les grandes lignes ?

Ces 25 premières années de ma vie ont sans doute forgé ma construction personnelle. Tous ces épisodes m'ont donné le souci de mettre des mots sur le beau, mais aussi sur les maux, en rattrapant le temps parfois gâché par l'accomplissement naturel d'un parcours autodidactique. J'ai pu appuyer mes évolutions professionnelles et personnelles sur des formations diverses et complémentaires : le diplôme d'État d'éducateur spécialisé en 1980, la licence en 1985, la maîtrise en sciences sociales en 1986, le certificat d'aptitude aux fonctions de directeur d'établissement ou de service d'intervention (CAFDES) en 1995, un master en ingénierie de management socio-économique en 1999.

Je crois que cette logique me fait aujourd'hui privilégier les formations par alternance, qui permettent de donner du sens aux implications, comme ce qui a jalonné mon parcours, dans une dynamique où l'on n'a jamais fini d'apprendre, où rien n'est acquis durablement. Les expériences de « terrain » confortées par les apports théoriques, conceptuels et méthodologiques m'ont permis de comprendre autant des autres que de moi-même, grâce à différentes rencontres fructueuses, des accompagnements riches et parfois périlleux.

J'ai d'abord été éducateur de 1976 à 1982 auprès de jeunes avec des troubles du comportement et de la personnalité dans des instituts de rééducation (devenus instituts thérapeutiques éducatifs et pédagogiques ou ITEP). J'ai occupé aussi la fonction de chef de service, de directeur adjoint dans le même établissement, en Anjou, de 1983 à 1991, puis celle de directeur de 1992 à fin 1994 dans une structure située à Montaut, entre Pau et Lourdes, composée d'une maison d'enfants à caractère social (MECS) et d'un centre de formation professionnelle qui accueillait des jeunes en alternative à l'incarcération.

Ce fut mon premier vrai contact, au début des années 1990, avec une réalité assez singulière, qui m'a guidé dans ma seconde fonction de directeur, de nouveau en Anjou, dans un foyer d'hébergement et un service de soutien à domicile – quelques années avant l'appellation officielle de service d'accompagnement à la vie sociale (SAVS). J'ai été retenu, comme le stipulait ma lettre de mission, pour « remettre aux normes cet établissement et ce service » où les droits fondamentaux les plus élémentaires des adultes en situation de handicap étaient bafoués, piétinés, et où les personnels étaient soumis à des rôles de simples exécutants.

En quoi l'expérience de Montaut était-elle « singulière » ?

Dans cet établissement, la violence se situait à tous les étages. Les jeunes étaient violents entre eux, mais les professionnels étaient également violents à leur égard. J'ai encore l'image d'un éducateur technique avec une manivelle dans la main, prêt à en découdre avec un jeune. La violence était aussi présente entre les professionnels.

J'ai rencontré plusieurs magistrats à Paris, Toulouse, Bordeaux, car ces jeunes étaient issus des grandes villes. Un jour, l'un d'entre eux m'a dit qu'on appelait cet établissement « Montaut poubelle ». Autrement dit, les jeunes orientés là-bas étaient ceux dont personne ne voulait.

Il n'est pas excessif de parler d'un climat délétère et apocalyptique, générant beaucoup d'arrêts de travail et quelques dépressions, dont certains salariés ont encore du mal à se remettre aujourd'hui. Jean-Pierre Rosenczveig, ancien président du tribunal pour enfants de Bobigny et ancien président de la très regrettée Association nationale des communautés éducatives (ANCE), avec lequel j'ai eu la chance de travailler et d'échanger, évoquait, peu avant ma prise de fonction, dans la remarquable émission de Michel Polac, *Droit de Réponse*, un établissement où « la violence ne pouvait appeler que la violence ».

Aviez-vous eu vent de ces difficultés avant votre arrivée ?

Oui, mais de manière édulcorée. Un audit avait été effectué par un centre de formation, le conseil général et la direction régionale de la protection judiciaire de la jeunesse (DRPJJ).

Lors de ma première venue, je me suis dit : « C'est Beyrouth ! » Les conditions d'accueil étaient déplorables. C'était presque une invitation au meurtre !

Pendant trois ans, j'ai essayé de remettre un peu d'ordre, à commencer par le projet d'établissement, qui pouvait fédérer les acteurs, alors qu'il était complètement à côté de la plaque. Cela engendrait des réactions défensives et agressives.

Je ne jette pas la pierre aux professionnels qui étaient violents, car ils n'avaient pas d'autres issues. D'autant qu'à l'époque, la pédagogie du muscle était encore présente.

Personnellement, je n'ai jamais eu le moindre problème de violence. J'ai surtout énormément appris, notamment que chaque professionnel renvoie une image défensive, agressive, ou empathique. Et que sans être copain-copain avec les usagers ou les professionnels, il faut être dans un rapport d'humilité, d'écoute et surtout de considération. C'est fondamental.

Qu'avez-vous mis en place pour faire face à la situation ?

J'ai envisagé la même démarche que celle que je propose aujourd'hui en tant que consultant : l'appel à un tiers. Le consultant Bruno Grasser nous a permis « de mettre à plat » l'existant et de mettre en perspective les évolutions réaliser. Un diagnostic des coûts cachés a mis en évidence que les dysfonctionnements et leur régulation représentaient 39 % du budget de l'établissement.

Nous avons aussi mis en place un système de *management décentralisé et synchronisé* (Savall, Zardet, 1999) en nommant des pilotes d'unités assurant l'interface entre la direction et les équipes.

Nous avons repensé les modalités d'accueil dans des villas extérieures pour mettre un terme à la ghettoïsation, qui résultait d'une trop forte concentration des jeunes sur un même site.

Nous étions soutenus par la DRPJJ et l'Aide sociale à l'enfance (ASE), notamment dans nos réflexions pour élaborer des projets transversaux où l'on proposait des séjours de rupture en impliquant, par exemple, les jeunes sur des actions humanitaires.

S'il y a eu des effets positifs, nous n'avons pas pu aller au bout de nos intentions, en raison du « blocage » des professionnels plus anciens qui, finalement (et c'est bien là le drame), semblaient préférer le contexte délétère qui ne modifiait pas leurs horaires de travail.

Avec le recul et ce goût d'inachevé, je dois admettre que le défi était sans doute trop ambitieux pour un premier poste de directeur. Un peu comme les profs qui vont faire leurs premières armes dans des quartiers difficiles, la barre était sans doute un peu haute à Montaut. Même si je dis toujours que ces trois années-là en valent dix, cette expérience fut épuisante, jusqu'à occasionner un mini-accident vasculaire cérébral, qui a fait dire à mon médecin que je devais jeter l'éponge.

Cette expérience a sûrement déterminé la suite de votre carrière…

Oui, elle m'a engagé à suivre mon master en ingénierie de management – un terme un peu pompeux – à Lyon, qui m'a bien aidé.

Ensuite, en 1995, je suis revenu dans mon Anjou natal, à Cholet, où j'ai pris la direction d'un foyer d'hébergement et d'un SAVS. La commande qui m'était faite était de remettre l'établissement aux normes et là aussi j'avais du pain sur la planche !

Il y régnait un mépris total des personnes handicapées, de leurs droits fondamentaux, de leurs parcours. Elles étaient certes hébergées, nourries, blanchies, mais ne bénéficiaient pas de relation d'accompagnement digne de cette appellation. De leur côté, les professionnels étaient niés dans leur expertise : ils n'avaient pas le droit de rencontrer les familles ou les délégués tutélaires, et ne bénéficiaient que d'une réunion mensuelle pour recevoir informations et directives.

Quelle fut votre première décision ?

Là encore, nous ne pouvions nous contenter d'utiliser les mouchoirs qui ont fait la réputation de Cholet… J'ai donc décidé, en accord avec deux personnes qui m'ont également beaucoup apporté (Michel Vivion, administrateur-délégué, et Elie Charrier, directeur général), de réaliser un diagnostic. Il s'agissait de mettre les gens autour de la table et d'écrire un projet pour repenser à la fois les modes d'accompagnement, l'architecture afin d'avoir un nouveau cadre bâti, le management pour responsabiliser les professionnels et leur redonner les délégations qui s'imposaient.

Les premiers mois, je recevais six coups de fil par jour des familles, qui m'appelaient pour tout et n'importe quoi. La dernière année, au bout de six ans, j'en rencontrais au maximum dix par an, parce que nous avions mis en place ce système de *pilotage décentralisé et synchronisé*, où les professionnels avaient des responsabilités

À Cholet, je me suis forgé une conviction profonde : plus les gens sont responsabilisés au quotidien dans leurs fonctions, mieux ça fonctionne. Pas besoin d'instaurer un chef du chef du sous-chef.

Dans cet établissement, tous les efforts ont produit des résultats, à tous les niveaux. Nous avons lancé de nombreux partenariats, rétabli un ratio d'encadrement cohérent et correspondant aux besoins, transformé le foyer de 60 chambres en 28 appartements en créant d'autres espaces de vie dans l'ancien foyer des stagiaires de Cholet-Basket. Nous avons aussi permis aux professionnels, y compris aux personnes en contrats aidés, de suivre un plan de formation pour entamer une carrière. Tout cela a pu se faire, à l'époque, grâce à la détermination associative et un partenariat intelligemment construit avec la ville de Cholet et les instances du conseil général du Maine-et-Loire.

Pourquoi êtes-vous devenu ensuite consultant et formateur ?

Nous avons, mes collègues comme moi-même, été conviés à aller témoigner dans des colloques sur notre démarche. De fil en aiguille, j'ai été sollicité plus personnellement par des directions d'organismes de formation pour intervenir lors de formations de chefs de service et de directeurs. Puis l'un d'eux m'a demandé de l'accompagner pour l'élaboration d'un diagnostic. J'ai hésité à me lancer et je dois cette reconversion à Christian Heslon, mon ami psychologue-chercheur, avec lequel j'ai beaucoup travaillé, qui m'a « boosté » pour prolonger mes engagements dans ce nouveau métier.

Depuis, j'interviens dans tout type d'établissements : structure petite enfance, établissement d'hébergement pour personnes âgées dépendantes (EHPAD), institut médico-éducatif (IME), service d'éducation spéciale et de soins à domicile (SESSAD), MECS, foyer d'hébergement, foyer d'accueil médicalisé (FAM), maison d'accueil spécialisé (MAS), SAVS, établissement et service d'aide par le travail (ESAT), centre d'hébergement et de réinsertion sociale (CHRS), centre d'accueil et d'accompagnement à la réduction des risques pour les usagers de drogues (CAARUD), etc.

Ce qui est important, c'est de bien connaître les métiers et les missions. J'ai cette chance d'avoir connu sur le terrain la relation directe à la fois avec les usagers et les professionnels à différents niveaux. Aujourd'hui, je continue à apprendre tous les jours dans les établissements dans lesquels j'interviens. Je suis sollicité un peu pour tout cela, et aussi parce que mon approche n'est pas universitaire. Je suis plutôt en lien avec l'opérationnalité, le pragmatisme, le bon sens. C'est en tout cas ce que je pense et ce que l'on me renvoie.

Tout en étant enthousiasmé par ce nouveau job, j'avoue avoir ressenti d'énormes frustrations au début, n'ayant plus de contacts permanents avec les professionnels, les personnes accompagnées, les familles et les partenaires, les autorités de tarification et l'environnement local. Tous ces liens inhérents à la réalité effective du fonctionnement d'un établissement.

Mais, après 17 ans de pratique, ce métier de consultant-formateur-médiateur me passionne toujours autant. Les demandes de concours se succèdent spontanément, le plus souvent par le bouche-à-oreille. C'est donc assez naturellement que j'y suis resté, alors qu'au départ j'envisageais de « retourner » sur un poste de direction d'établissement, voire de direction générale. Ce qui est très motivant, c'est la diversité des structures auprès desquelles j'interviens, la pluralité des thématiques à proposer, l'alternance entre les actions de formation et les interventions en conseil. C'est aussi gratifiant de mesurer l'évolution progressive des directions et des équipes, lorsqu'elles s'approprient sans réserve et avec entrain les processus de progrès qui leur sont proposés et qu'elles co-construisent.

TROP DE HIÉRARCHISATION ET DE NOBLESSE DE FONCTION

Quand un établissement fait appel à vous, c'est qu'il y a un problème ?

Pas toujours. Certaines fois, la direction me dit que ça ne va pas bien et c'est vrai. Parfois cela ne va pas si mal. Et parfois ça va très mal !

Quelle que soit la situation, le regard extérieur qui permet de mettre à distance les situations, les rapports humains, les conflits est indispensable. Car les établissements, pris dans le quotidien, et dont le fonctionnement commence à dérailler, ont besoin de mettre les choses à plat, de réfléchir avec l'ensemble des personnels et le concours d'un tiers.

C'est vrai que je suis davantage sollicité pour des problèmes relationnels, dans des environnements de travail où la souffrance du personnel et l'absentéisme sont importants. Il faut regarder cette réalité en face – et c'est tout l'intérêt de cet entretien –, mais aussi exploiter les énormes potentialités des institutions. Ainsi, j'ai rencontré des professionnels très opposants qui, en étant un peu mieux considérés, devenaient des éléments moteurs positifs.

Je constate souvent un fossé énorme entre tout ce qui est mis en place pour les usagers (les considérer comme acteurs, partir de leurs possibilités plus que de leurs incapacités) et l'absence de démarche similaire vis-à-vis des professionnels. Alors que seuls des professionnels bien traités peuvent être bientraitants, comme je l'ai déjà expliqué dans un précédent ouvrage (Deshaies, 2006).

La souffrance au travail, telle que vous la décrivez, se traduit par un anglicisme bien connu, le* burn-out, *mais aussi le* bore-out *et le* brown-out, *notions plus récentes. Pouvez-vous les préciser ?

Le *burn-out*, c'est l'épuisement professionnel. Il est souvent la conséquence d'une charge de travail excessive et d'un plus fort rendement exigé (faire plus avec moins), qui peuvent avoir des effets néfastes sur l'intégrité physique et psychique des professionnels.

Le *bore-out* (Bourion, 2016), qui peut concerner aussi bien la hiérarchie que ses subordonnés, c'est lorsque la routine finit par prendre le pas sur les prises d'initiative et les actions innovantes, ce qui génère de la souffrance, une perte d'estime de soi.

Enfin, le *brown-out* est une notion récente, qui définit la perte de sens au travail. Littéralement, c'est la rupture de courant, « quand il y a une baisse de courant psychique qui conduit au désinvestissement progressif » (Santolaria, 2016). Je pense que c'est le plus terrible. C'est le cas des professionnels qui ont toujours eu la volonté de faire au mieux et qui aujourd'hui ne trouvent plus de sens au travail, en raison d'un manque de reconnaissance, de l'absence de *feed-back*, de valorisation des actions réalisées. Dans un secteur au fonctionnement souvent très pyramidal où excelle la pédagogie du reproche au détriment d'une démarche de co-responsabilisation et de co-construction, où l'on parle plus des trains qui arrivent en retard plutôt que de ceux qui arrivent à l'heure, c'est un fléau.

La bientraitance et la qualité s'affichent partout. Dans la réalité, de nombreux professionnels ne vont pas bien. Comment l'expliquez-vous ?

Il existe un paradoxe terrible : plus on parle de bientraitance, de prévention et de gestion des risques psychosociaux, plus les situations se dégradent en interne. Mon hypothèse est relativement simple et renvoie à la montée des procédures, des normes, qui font beaucoup de mal.

Trop de dirigeants se sont engouffrés dans ces démarches sans les faire vivre, volontairement ou pour se montrer bons élèves auprès des autorités de contrôle et de tarification. Les dossiers ont été bien ficelés, mais ne reposent sur aucun travail de réflexion ni d'analyse partagée sur ce qui va et ne va pas.

Ensuite, les professionnels ont été envahis de processus et d'injonctions en tout genre, sans que tout cela ne soit fondé sur une remise à plat. Celle-ci suppose de poser les constats réels sans les dramatiser, de réfléchir ensemble aux évolutions souhaitables. Du coup aujourd'hui, bien trop souvent, les professionnels désignent victime(s) et coupable(s) quand l'établissement dysfonctionne. Plutôt que de factualiser des situations pour reconnaître et analyser les échecs, en considérant que l'erreur est humaine, des accusations fusent et empêchent la sérénité d'une réflexion. C'est un écueil très important : il faut « désaffectiver » les modes de relations.

Que voulez vous dire par « désaffectiver » ?

C'est apprendre à ne pas se sentir agressé quand il y a une remise en cause. Cela suppose évidemment de ne pas être dans une position d'agression. C'est une posture essentielle des cadres, dans tous les secteurs.

La souffrance augmente quand ces questions n'ont pas été habitées, quand les postures des uns et des autres n'ont pas été repensées. D'où l'un de mes slogans que j'ai emprunté à Jean-Marie Faucher, directeur général d'association : « Il n'y a pas de noblesse de fonction. »

Aujourd'hui, le médecin psychiatre qui parle a forcément raison, contrairement au petit éducateur de terrain, malgré ses observations fines de l'usager, qui méritent tout autant d'être prises en compte, jusqu'à inviter le prescripteur de médicaments à revoir sa posologie à partir de ses constats. C'est un autre écueil majeur du secteur : la hiérarchisation des fonctions et des institutions.

Je ne dis pas qu'il faut aller vers l'autogestion, mais que chacun doit être reconnu à sa place, doit respecter et considérer la place des autres. Je me souviens d'un formateur d'une école de travail social qui avait dit à une éducatrice spécialisée partant travailler dans une MAS : « Surtout, tu ne mets pas les mains dans la merde. Ce n'est pas à toi d'accompagner la toilette d'un adulte handicapé le matin. » C'est tout bonnement insupportable ! Certes, les qualifications doivent prendre sens dans les contenus professionnels qui sont attendus, mais certaines tâches, y compris les plus ingrates, doivent générer de l'entraide, du partage.

Ce qui pêche vraiment, c'est l'hyper-hiérarchisation des fonctions. J'irais presque à dire qu'appréhender les relations au travail avec ces aspects hiérarchiques d'un autre temps constitue une contre-indication à une profession sociale et médico-sociale. Il en est ainsi du rôle d'un cadre intermédiaire, qui a autant de comptes à rendre aux gens de terrain qu'à ses supérieurs. Le travail s'effectue en équipe : la secrétaire qui est à l'entrée, qui discute avec les gens et compose avec leurs personnalités et leurs humeurs, a sa place pour témoigner de ses observations. Une place qui mérite d'être prise en compte au même titre que celle du psychiatre ou du psychologue qui recevront les personnes dans l'intimité de leur bureau.

Est-il toutefois possible, voire souhaitable, de faire fi de toute hiérarchisation ?

Ce n'est pas possible, mais cela se travaille et renvoie à la question du management. Dans certaines institutions, le chef a raison, même s'il a tort. Quand je disais qu'il fallait « briser l'omerta », c'était surtout à ce niveau-là : la domination de certaines fonctions par rapport à d'autres. Je ne suis pas non plus en train de dire que la secrétaire doit effectuer le diagnostic psychologique, je dis que mépriser sa place n'est pas sain.

Je suis convaincu qu'en considérant les gens et en mettant à bas tous ces masques de domination, de suffisance, de condescendance, de mépris, que j'observe extrêmement souvent, la souffrance au travail diminue. Il y en a marre des gens qui savent, qui ont des statuts, qui s'autorisent n'importe quoi et ne sont pas capables de se remettre en cause.

DÉJOUER L'INFORMEL ET LES COÛTS CACHÉS

Parmi les écueils que vous avez pu observer, la prévalence de l'informel sur le formel vous paraît très préjudiciable. Pourquoi ?

Là encore, c'est du bon sens. Illustration dans un établissement : le directeur, le directeur adjoint et le chef de service se retrouvaient toujours à la pause dehors pour fumer. Lors du diagnostic, les personnels m'ont dit : « Est-ce qu'on va être tous obligés de se mettre à fumer pour avoir accès aux mêmes infos ? »

Cela m'a aidé à avancer sur une question simple : certains prêchent la prévalence de l'informel sur le formel. Or, je suis convaincu au contraire que, du directeur aux professionnels de terrain, tous doivent adopter le réflexe de traiter des bons sujets dans les bons endroits, aux bons moments avec les bonnes personnes.

Autre exemple : un éducateur peut être fatigué de ne jamais trouver la clef d'un véhicule sur le tableau, de constater que le plein n'a pas été fait par le dernier utilisateur, et ceci plusieurs fois par semaine. Si le même jour, il croise son chef de service qui lui remonte les bretelles parce qu'il attend un rapport depuis trois jours, il ne faut pas s'étonner que la prochaine personne que cet éducateur rencontrera et qui lui fera une demande s'en prendra plein la figure ! Toutes ces situations, des plus simples aux plus difficiles, doivent pouvoir être posées de façon tranquille dans les espaces *ad hoc*.

Dernière illustration : j'ai accompagné un ITEP lors de la réécriture de son projet d'établissement. Tous les personnels se réunissaient le mercredi après-midi, ce qui est invraisemblable dans ce type d'établissement accueillant des jeunes. Il m'a été demandé d'effectuer le diagnostic ce jour-là, avec tout le monde : je n'ai pas pu les convaincre que cela ne pouvait pas fonctionner ainsi. À un moment, les professionnels ont évoqué une difficulté récurrente qu'ils rencontraient dans l'accompagnement des jeunes, à laquelle ils souhaitaient majoritairement mettre fin. L'orthophoniste a pris la parole, en disant : « Moi, je continuerai à le faire. » Je lui ai expliqué que dans une organisation collective, il est important de parvenir à un consensus sur les aspects essentiels. Mais elle a persisté. Donc, je lui ai demandé : « Sur la route, vous arrivez devant un feu vert qui passe au rouge, vous faites quoi ? » Elle me dit, avec une certaine mauvaise foi : « Je continue. » Alors circulez, il n'y a rien à voir : comment voulez-vous que ces gens-là travaillent en équipe ?

Là, vous évoquez les personnalités rétives à l'organisation collective…

Oui, mais c'est exacerbé dans les organisations où il n'y a pas d'espaces pour dire régulièrement qu'on en a marre ou que l'on est satisfait sur tel ou tel point. L'accumulation des petites choses, comme l'histoire des clefs, fera dans ces cas-là effet boule de neige : pas d'écoute, pas de changement, pas d'évolution de comportement. Ces petits dysfonctionnements produisent un climat malsain. Les personnes qui oublient de remettre la clef ne sont pas forcément désagréables, elles sont même souvent plutôt sympathiques, mais elles ne sont pas dans l'exigence partagée. Or, c'est capital, à la fois pour des rapports humains sains et pour les finances des établissements, à l'heure où beaucoup ne parlent plus que de ça. Car tous ces dysfonctionnements représentent des coûts cachés, estimés entre 20 et 40 % des budgets des établissements.

C'est énorme !

Oui, mais c'est logique. Quand les professionnels sont usés, ils partent en arrêt maladie : il faut recruter des remplaçants, les briefer, gérer les tensions, etc. Grâce à la formation que m'ont dispensée les professeurs Henri Savall et Véronique Zardet, co-directeurs de l'Institut de socio-économie des entreprises et des organisations (ISEOR), j'ai pu appréhender puis m'approprier ces notions qui, là encore, sont d'une évidence capitale (Savall, Zardet, 1995). Elles permettent – sauf à vouloir toujours mettre la poussière sous le tapis – d'avoir une bonne lecture des dysfonctionnements pour les repérer et les traiter, car ils affectent la performance sociale par leurs impacts physiologiques, psychologiques, voire sociologiques, ainsi que la performance économique.

Il y a d'abord les *sursalaires* qui correspondent au temps passé par des personnes titulaires de postes mieux rémunérés à des activités qui ne leur sont pas généralement attribuées. Illustration : un chef de service qui passe l'essentiel de son temps sur une unité de vie avec des éducateurs pour tempérer les excès d'humeur des bénéficiaires ; un directeur qui assure régulièrement des transports d'enfants ou, pire encore, qui se croit indispensable partout sans être bien présent là où cela s'imposerait.

Les *surtemps* se rapportent au temps passé à la régulation de dysfonctionnements, lorsqu'une infirmière est obligée de reprendre des soins mal prodigués, quand une secrétaire est confrontée à l'écriture illisible de rapports ou de comptes rendus de synthèses.

Des *surconsommations* s'observent par la quantité de produits consommés ou de services réalisés en plus pour réguler les dysfonctionnements. Il en est ainsi du chauffage qu'on laisse tourner plusieurs jours après un radoucissement du temps ou des recours excessifs au téléphone, au photocopieur.

Les coûts cachés peuvent aussi être induits par une *non-production*, c'est-à-dire la perte de production ou d'activité engendrée par les dysfonctionnements, comme les temps de réunion non maîtrisés (horaires non respectés, absence d'ordre du jour, déficit d'animation), les temps d'attente dans le couloir pour un rendez-vous, les allées et venues incessantes dans le secrétariat, transformé en véritable hall de gare.

Enfin, la *non-création de potentiel* renvoie aux *performances retardées à cause des dysfonctionnements* subits, comme les « errements » dus aux insatisfactions qui démobilisent des personnes pourtant prêtes à s'investir sur de nouveaux projets, sur une nouvelle activité, ou encore l'absence de *feed-back* et l'omnipotence de la « pédagogie du reproche » qui freine toute prise d'initiative.

Le plus terrible, c'est quand ces dysfonctionnements finissent par se banaliser. La compensation des autres salariés devient alors systématique et entraîne une surcharge de travail généralisée. Il faut donc les traiter en profondeur avec une méthode que nous développerons plus loin : le diagnostic partagé. Toutefois, temporairement, quand une situation est trop dégradée, il peut être indispensable d'agir dans le court terme, comme nous le montre le témoignage de Pierre Salomon et Nicolas Martin, collaborateurs de DirecTransition.

Lors de turbulences : l'efficacité du court terme

par Pierre Salomon et Nicolas Martin

Le grand mérite des lois sur les droits des usagers, plus particulièrement la loi n° 2002-2 du 2 janvier 2002 rénovant l'action sociale et médico-sociale, est d'avoir ciblé les situations de maltraitance active (mauvais traitements, violences, brimades sur personne vulnérable, ou encore violation des droits).

Malheureusement, les solutions qu'elles apportent sont parfois pires que le mal à traiter. La batterie actuelle de protocoles formels, si elle permet parfois de repérer de réelles situations de ce type, produit des processus de fonctionnement où la relation aux usagers n'est plus abordée. D'où ces situations paradoxales dans lesquelles des professionnels individuellement bienveillants et compétents constituent un collectif de travail réellement maltraitant. Au point que dans certains centres de formation en travail social, le fait d'engager sa subjectivité dans la relation à l'autre est présenté comme une erreur, voire une faute professionnelle.

Il y a bien, dans la loi de 2002, quelques initiatives heureuses visant à instaurer des instances consultatives et participatives, plus particulièrement le conseil de la vie sociale (CVS). Mais la masse de protocoles conduit souvent les institutions à peu investir ces espaces où pourraient s'exprimer les questions relatives à la « vraie vie » des établissements.

Démonstration par l'exemple

Nous avons eu à traiter la situation d'un établissement dont l'un des symptômes des dysfonctionnements résidait dans une violence extrême des familles des usagers envers le personnel. Parallèlement, plusieurs signalements pour maltraitance avaient été réalisés auprès des autorités de contrôle et du procureur de la République. Ces situations étaient réelles et leur perception était amplifiée par une incapacité pour les salariés de communiquer avec les familles.

Nous avons rapidement fait le constat d'un problème majeur de management : chaque chef de service avait érigé son domaine d'intervention en baronnie indépendante des autres services, de sorte que, lors d'un dysfonctionnement, chacun mobilisait son énergie non pas à comprendre et résoudre le problème mais à démontrer que la responsabilité incombait au service voisin. La direction, dont nous assurions la transition, avait évidemment une responsabilité majeure, car son organisation rigide générait un climat social fortement dégradé, un *turn-over* important et un faible taux d'occupation qui pesait sur l'équilibre financier de l'établissement.

Un manager rationnel et soucieux d'efficacité à court terme aurait sans doute cherché à traiter point par point les dysfonctionnements.

Les faits de maltraitance, souvent anciens, impliquaient des salariés ayant parfois quitté l'établissement. D'autres n'étaient pas avérés ou trop incertains pour pouvoir être traités sur le plan disciplinaire. Quant au *turn-over*, chacun sait qu'il résulte d'un ensemble de facteurs relatifs au climat social et au contexte local sur lesquels aucune action ne peut avoir d'effet à court terme.

Le taux d'occupation fut donc le seul domaine sur lequel nous sommes intervenus de façon directement opératoire, en clarifiant les procédures d'admission. Nous avons agi essentiellement sur la question des relations et des interactions entre les acteurs, assumant pleinement le fait qu'une telle stratégie ne réglerait pas dès la première année la question du dérapage budgétaire. Nous avons indiqué à l'équipe que notre principale action consisterait à recréer une solidarité interservices, en réintroduisant des réunions interdisciplinaires, en lieu et place de certaines réunions de services désormais limitées aux besoins de l'organisation. Nous avons aussi souhaité refondre les plannings pour acter le principe de la coopération entre les services et l'existence de domaines d'interventions partagés.

Reconstruire les liens

Dans le même temps, nous réalisions une enquête auprès des familles des usagers, afin de recueillir leurs attentes et de savoir quelles modalités de communication elles souhaitaient voir mises en place avec l'établissement. Enfin, nous réinstallions le CVS dans son fonctionnement normal.

Aucune de ces mesures ne peut produire directement un effet sur les aspects opérationnels de l'accompagnement des bénéficiaires, mais leur ensemble reconstruit les liens qui constituent une part importante, pour ne pas dire l'essentiel, de « l'enveloppe institutionnelle ». Celle-ci reconstruite, il n'a même pas été nécessaire de reformuler des consignes pour que chacun, reprenant sa place, produise les actes permettant un retour à la normale. Pour exemple : des soignants rompant le silence d'une solidarité mal comprise pour aborder avec courage des pratiques potentiellement maltraitantes, ou un cadre de santé ajustant spontanément les remplacements des salariés absents à la charge de travail et se mobilisant pour organiser les admissions de nature à maintenir un taux d'occupation suffisant.

En quelques mois, le niveau de bientraitance et la situation financière de l'établissement ont été considérablement améliorés, sans doute plus solidement et rapidement qu'avec des directives formelles non concertées.

Bien entendu, il y eut des tensions, des résistances, des décisions difficiles. Mais nous pouvons tirer d'un tel exemple cette simple évidence : le fonctionnement de tout groupe humain repose avant tout sur les relations des individus qui la composent. Les règles qui le régissent ont pour objet de poser des limites, de définir ce qui est licite ou illicite, mais elles ne peuvent conduire à réduire ces relations à des interactions formatées, minutées et nomenclaturées, au risque que le sujet se rappelle au bon souvenir de la collectivité, par la dépression, la violence ou la folie.

Des responsabilités multiples

« Il faut que les choses soient dites
et créer les espaces pour libérer la parole. »

LE DÉCALAGE ENTRE VALEURS ASSOCIATIVES ET RÉALITÉ

Nicolas Martin et Pierre Salomon parlent des liens qui permettent d'assurer « l'enveloppe institutionnelle ». En ce sens, les associations mettent souvent en avant leurs valeurs, parfois bien loin de la réalité. Comment expliquer ce hiatus ?

Par un manque d'orientations politiques et stratégiques, ou une absence de leur lisibilité par ceux qui doivent assurer leur diffusion dans le fonctionnement ordinaire de l'établissement ou du service. Nous assistons souvent à des effets d'annonce, déconnectés des exigences en termes d'opérationnalité sur le terrain. Par exemple, quand une association affirme très clairement la participation de l'usager à son projet personnalisé, avec l'intégration de ses réels besoins et de ses attentes, l'association des familles si elle est souhaitée… alors que dans la réalité nous sommes à des kilomètres d'une réelle participation.

Il existe aussi parfois des effets d'annonce sur les exigences en termes de management, avec le choix d'un directeur qui sera surtout nommé pour ses capacités à ne pas faire de vague, à rester sous la coupe du conseil d'administration. Or, pour exercer les fonctions managériales, il faut prendre des risques, notamment celui de se confronter sereinement au conseil d'administration. La tendance est donc au recrutement des « béni-oui-oui » ou des purs gestionnaires qui fonctionnent davantage avec la calculatrice que sur la base de l'humanisme requis.

Enfin, il y a tous ces établissements où les dysfonctionnements sont mis sous le tapis. J'ai conduit ainsi une médiation dans un établissement où les professionnels n'allaient pas bien du tout : un droit d'alerte s'était traduit par une grève très active, relayée par la presse locale. Les évaluations externes étant pourtant extrêmement positives, j'avais donc demandé au directeur général ce qui pouvait expliquer l'écart abyssal entre la réalité du terrain et le rapport extrêmement flatteur et élogieux que j'avais sous les yeux. « Essayez de comprendre, m'a-t-il dit. J'ai demandé à l'organisme évaluateur d'être bienveillant parce qu'on était en négociation de contrat pluriannuel d'objectifs et de moyens (CPOM) et il fallait faire voir la mariée plus belle qu'elle n'était. » Fin de citation.

Alors évidemment, tant qu'on sera dans de telles logiques, on ne pourra pas avancer sur des bases sereines.

Ce hiatus résulte aussi de la lutte pour le pouvoir, à laquelle les associations n'échappent pas depuis l'avènement des appels à projet…

Ça, c'est un problème. Je crois profondément dans l'engagement associatif. Mais l'État a souhaité passer de 30 000 associations à 3 000. Si les regroupements peuvent avoir un intérêt, il est toutefois dommageable de faire perdre l'identité et les valeurs de certaines associations, qui peuvent être mises en complémentarité et non pas rayées de la carte. Il faut se méfier des fusions, qui produisent des acculturations associatives forcées, qui ne fonctionnent pas toujours très bien par la suite.

D'autre part, l'avenir, c'est que tous les établissements et services s'inscrivent dans une logique de parcours et non plus une logique de places : c'est le sens du rapport de Denis Piveteau (2014) et de la mise en œuvre d'une réponse accompagnée pour tous. Or, ce changement se heurte à la triste réalité du fonctionnement des associations qui restent dans une logique de places, avec des listes d'attente, sans ouvrir même à temps partiel l'établissement, type IME, pour des personnes en phase transitionnelle. Ces personnes pourraient venir par exemple deux jours par semaine en bénéficiant d'un accompagnement complémentaire par un service d'accompagnement médico-social pour adulte handicapé (SAMSAH). Beaucoup d'établissements sont arc-boutés sur leur fonctionnement, cloisonné, y compris en interne. Cela va cheminer, mais ça prendra du temps.

Cela passe-t-il aussi par l'ouverture des conseils d'administration, aujourd'hui majoritairement composés « d'hommes aux cheveux blancs » ?

D'abord, je tire mon chapeau à ceux qui sont volontaires et qui donnent de leur temps. Sauf évidemment si c'est seulement pour avoir une ligne de plus sur leur carte de visite. Il faut s'engager à partir de la valeur ajoutée que l'on peut apporter, de ses propres expériences, de ses engagements associatifs, voire politiques.

Le binôme directeur général/président doit permettre de réfléchir à l'évolution du conseil d'administration, non pas en recrutant parmi les potes ou les membres du Rotary club, mais parmi les personnes dont la valeur ajoutée apportera à l'association. En sollicitant autour d'eux les personnes pouvant apporter « un plus », lors de rencontres, de colloques, grâce au bouche-à-oreille.

LE RÔLE DES DIFFÉRENTS ACTEURS

Les responsables des organisations sanitaires, sociales et médico-sociales ont bien sûr un rôle essentiel. Quelle posture doit avoir le directeur, celui qui, au sens littéral, donne la direction ?

Les dirigeants doivent être des porteurs de projet, des meneurs d'hommes, des personnes engagées sur des valeurs. Ils doivent également être authentiques dans la prise de risque. Le *leadership* d'un dirigeant est bien défini par Sandra Michel (1999) qui met en exergue les trois notions distinctes et interdépendantes qui le caractérisent.

La vision, d'abord, qui nécessite une visibilité de tous sur ce qui est envisagé à court, moyen et long termes. Je dis souvent que le directeur doit savoir utiliser à bon escient les phares anti-brouillard et les longues portées.

La confiance, ensuite, qui doit être le moteur de l'organisation. Elle ne se décrète pas mais se construit, en tenant un langage de vérité et de réalisme, en soutenant les acteurs dans leur capacité à être créatifs, forces de propositions, à se motiver et à s'engager personnellement et collectivement. En veillant aussi à les inscrire dans des relations de parité où les statuts ne prévalent pas, où les « diseux » ne sont pas préférés aux « faiseux », où chacun a sa place et est à sa place.

C'est aussi *l'adhésion*, car il reste illusoire de croire qu'un projet peut se mettre en œuvre et qu'une organisation peut être performante sans associer tous les professionnels aux préalables incontournables. Cela suppose, comme le disent Vincent Lenhardt, Bertrand Martin et Bruno Jarroson (1997), de « créer un espace du possible qui ouvre un espace de parole, un espace de motivation, un espace d'"empowerment" pour les acteurs de l'organisation, ainsi mis en face de leur puissance potentielle ».

Il s'agit fondamentalement d'engendrer une dynamique de créativité, de résolution co-constructive des difficultés rencontrées, en visant la meilleure communication possible entre toutes les parties prenantes des projets, en veillant à la satisfaction du travail en équipe. Et, comme je l'évoquais précédemment, d'autoriser et de libérer la parole dans un cadre bien posé et bien porté (Deshaies, 2016). Je convie aussi tous les récalcitrants à la formulation du mot « management » à réfléchir à la définition de bon sens qu'en donne Jean-René Loubat (2014) : « Le management, c'est l'art de mobiliser les hommes en vue d'atteindre des objectifs communs. »

Les responsables hiérarchiques (qu'ils soient directeurs ou cadres de proximité) ont donc, si l'on comprend bien ce que nous en disent aussi Christel Beaucourt et Maria Zafiropoulou (2008), trois rôles essentiels à habiter.

Le premier est un rôle *d'interface*, essentiel pour rassembler et rassurer, à partir d'un fonctionnement fondé sur une culture commune permettant de construire une dynamique de projet.

Le deuxième est celui de *médiateur technique* entre les personnes et les outils de gestion ou d'accompagnement dont il coordonne la mise en œuvre, en traduisant la stratégie en performances opérationnelles, dans le respect des objectifs assignés, avec de la souplesse, des idées, des savoir-faire d'ajustement.

Enfin, un rôle de *médiateur social* en trouvant des compromis pour l'action, en structurant des formes d'efficacité solidaire entre les membres de l'équipe, en contrôlant habilement les autonomies demandées ou déléguées, tout en construisant des collectifs de travail qui permettent les coopérations dynamiques entre tous.

Quid *des responsabilités des autres acteurs ?*

Elles peuvent être multiples, tant les postures institutionnelles, professionnelles et personnelles sont le reflet d'une société par nature composée de personnes aux comportements disparates, voire capricieux.

Dans *Briser l'omerta !*, j'ai présenté une typologie des acteurs, parmi lesquels les acteurs opposants, les acteurs démotivés, les acteurs subissant le *brown-out*, etc. Il peut y avoir des acteurs logorrhéiques à qui il faudra apprendre à se taire pour que les autres puissent s'exprimer, les timides que l'on encouragera à prendre la parole, les acteurs suffisants et condescendants à qui il faudra faire comprendre qu'il n'y a pas que les « faiseux » et les « taiseux ».

Cette typologie a évolué[1], grâce d'ailleurs au concours des équipes et des directions que je côtoie lors des accompagnements, notamment avec Pascal Blin, l'un de mes collaborateurs privilégiés. Souvent, les personnes rencontrées y adhèrent, car elles y retrouvent le contexte de leur propre organisation, et elles proposent parfois d'ajouter d'autres profils. Je dois dire que, selon les circonstances vécues ou subies, on peut se retrouver dans l'une ou l'autre de ces catégories, voire plusieurs.

1. Cette typologie réactualisée est présentée en annexe 1.

Mais j'ai aussi pu constater que certains sont parfois dans l'obligation d'assurer un rôle qu'ils ne souhaitent pourtant plus assumer. Je pense ainsi aux « acteurs opposants » dont on attend toujours « qu'ils bouffent du chef » au point de s'étonner lorsque ce n'est pas le cas. « Tiens, aujourd'hui, Robert a fermé sa gueule pendant toute la réunion, il doit être malade… ». Non, Robert n'est pas forcément malade, mais il en a marre de jouer ce rôle depuis de nombreuses années, et il a mesuré qu'il pouvait être dans d'autres formes de rapports avec la direction comme avec ses collègues.

Selon vous, seules trois catégories d'acteurs permettent de faire évoluer favorablement les organisations : quelles sont-elles ?

Ces trois profils ont été mis en exergue par Jean-Pierre Boutinet (1999). Il y a d'abord les *acteurs centraux* : ceux qui sont en capacité de s'investir, de s'engager, de rentrer dans un comité de pilotage, un groupe de travail et de réflexion et qui se sentiront à la fois impliqués et porteurs de la parole de l'institution. Ils doivent être très actifs pour ne pas tomber dans la routine et être un relais pour la dynamique institutionnelle. Ces acteurs peuvent tourner, mais en général nous retrouvons toujours les mêmes, des gens qui croient dans les échanges et les effets d'une co-construction d'une démarche collective, qui vivent l'intelligence plurielle.

Viennent ensuite les *acteurs périphériques facilitants*, qui ne seront pas forcément aussi engagés et impliqués dans la durée, mais vont répondre plutôt de façon ponctuelle à des besoins complémentaires. Quand on réfléchit à l'amélioration de prestations de services à rendre, ou à une amélioration au niveau du management et de la communication, c'est important d'avoir une représentation de toutes les catégories professionnelles. Par exemple, lors d'une réflexion sur l'amélioration de la coordination entre les intervenants de jour et ceux de nuit, des personnels de nuit deviendront acteurs périphériques facilitants en s'organisant pour être présents, à certains moments, quand des aspects les concernent directement ou sur lesquels ils souhaitent exprimer un avis. Ils sont moins impliqués, mais ont la volonté d'ajouter leur pierre à l'édifice : c'est une valeur ajoutée qui permet au groupe de pilotage principal d'éviter de fonctionner en vase clos.

Enfin, les *acteurs confrontants* se situent entre les deux. La confrontation, c'est laisser la possibilité aux uns et aux autres de s'exprimer sur des points à améliorer. C'est ce qui est le plus nécessaire dans les institutions, à condition que la confrontation soit sereine et saine, à la différence de l'opposition, souvent systématique et dénuée de fondements.

Vous prônez la « confrontation », mais c'est un mot qui peut faire peur…

Oui, je sais, mais j'insiste sur ce point : il faut bien dissocier la *confrontation* de l'*opposition*, où on sera dans des tensions, voire des conflits ou des crises.

La confrontation, c'est oser donner un point de vue qui peut être différent, totalement ou partiellement, oser se confronter dans les échanges indépendamment des statuts. Les « béni-oui-oui » ou les opposants systématiques ne feront pas avancer l'organisation, alors que les confrontations intelligentes permettent une remise en cause réflexive et réciproque. Réflexive, car on doit pouvoir s'interroger sur sa propre pratique : on sera un bon confrontant ou dans une saine confrontation si on est soi-même en capacité de recevoir des remarques. Réciproque : on peut s'autoriser à interpeller l'autre à condition d'accepter de se laisser interpeller par l'autre.

La confrontation, c'est capital. Or, trop d'établissements sont dans les deux extrêmes, l'exécution de tâches sans adhésion ou l'hostilité face aux décisions et à l'organisation. Il faut se respecter davantage, être dans une logique d'écoute, savoir entendre les autres. Les acteurs confrontants manquent dans les institutions, car ils se font taper souvent sur les doigts et finissent par ne plus rien se dire ou deviennent opposants. Mais il existe beaucoup d'établissements où ça fonctionne bien, ce qui suppose que les dispositifs de communication, de coordination et de concertation soient bien pensés, bien « habités ».

Il faut tout simplement que les choses soient dites. Quand une direction est dans l'évitement, ce n'est jamais bon. Il faut créer tous ces espaces pour libérer la parole. S'il y a des lanceurs d'alerte aujourd'hui, c'est parce qu'il n'y a pas toujours ces espaces pour exprimer et régler les dysfonctionnements. Ou, pire encore, que les personnes qui osent dénoncer des situations inacceptables en subissent les représailles, ce qui peut aller jusqu'à les pousser à la démission, souvent consécutive à des manipulations (Joule, Beauvois, 2014), ou à subir des licenciements.

Vous avez souhaité proposer le témoignage d'Éric Massat, éducateur spécialisé puis chef de service, que vous aviez connu à Montaut il y a plus de 20 ans. Il a manifestement été mis à mal au cours de son parcours…

Oui, il illustre bien les méandres et les affres qui peuvent jalonner les parcours de professionnels, au risque même de les éluder et, pire encore, de les banaliser.

« Dénoncer les maltraitances est un suicide professionnel »

par Éric Massat

En 1991, lorsque j'intégrais en tant qu'élève éducateur la MECS de Montaut dans les Pyrénées-Atlantiques, réputée difficile, j'étais loin d'imaginer le parcours semé d'embûches qui serait le mien. L'équipe éducative subissait d'un côté la violence des jeunes et de l'autre celle d'une organisation défaillante. Les multiples difficultés engendraient un *turn-over* incessant du personnel et un nombre considérable d'arrêts maladie. Après cinq ans d'exercice, j'ai à mon tour jeté l'éponge, à genoux. Le paroxysme a été atteint lors de l'incarcération du directeur en poste, au motif d'abus de biens sociaux et d'escroquerie à l'assurance.

Cette expérience constituait toutefois un atout de grande valeur dans mon CV. En 1996, j'ai rapidement été embauché dans un institut médico-psycho-pédagogique (IMPP) des Hautes-Pyrénées.

Ma dernière année de formation avait été financée par une association dont l'objet était de garder au niveau local des joueurs de rugby considérés « intéressants », ce qui était mon cas. L'obligation de rester trois ans était clairement notifiée dans mon contrat.

Violence insidieuse

Très rapidement, j'ai été interpellé par l'ambiance autoritaire et, paradoxalement, la familiarité qui régnaient. Le président de l'association sportive, administrée par des notables locaux, était mon directeur, très impliqué dans la vie politique locale. Pour obtenir la reconnaissance du « boss », l'hypocrisie était la règle et le silence, la loi. La violence ou la maltraitance s'exerçait ici de manière insidieuse.

Au terme d'une année de travail, mon ancien club a souhaité me réintégrer. D'abord déçu, puis très remonté contre moi, le directeur m'a signifié ma convocation à un entretien préalable au licenciement, m'imposant de quitter les lieux sur le champ. J'ai finalement été licencié pour « insuffisance grave ». Au cours de la procédure que j'ai engagée devant le tribunal des prud'hommes, il a toutefois proposé un arrangement transactionnel. Il venait d'être incarcéré pour abus de bien sociaux. Le deuxième directeur de mon parcours : beau palmarès.

En 1998, je décidais de m'ouvrir à d'autres horizons et fus rapidement embauché dans un service de mandataire judiciaire à la protection des majeurs de bonne renommée, dans les Pyrénées-Atlantiques.

Mais la malchance me guettait à nouveau. Le départ du directeur a entraîné un combat des coqs pour accéder à son poste et l'un des candidats évincé a finalement accédé à la présidence, instituant beaucoup de changements : réorganisation des services, modifications de règles de fonctionnement, etc. Après une liquidation judiciaire, et malgré la renaissance du service sous une dénomination différente, géré par des responsables de la même institution au niveau national, je me suis porté volontaire au licenciement.

Mépris et infantilisation

De nature optimiste, j'espérais les faveurs d'un ciel professionnel plus clément. J'ai alors pris un poste de cadre social dans un service identique situé dans l'Aveyron. Mais le ciel de mes espérances s'est assombri à l'instant même où je prenais mes nouvelles fonctions. Rien n'était organisé pour mon accueil, pas même un espace de travail. Plumeau dans les mains et huile de coude, j'entreprenais le nettoyage de mon nouveau « bureau » qui faisait office de débarras, quand je fus « happé » sans sommation par le directeur pour partir déposer des bijoux et un fusil, appartenant à un adulte accompagné, chez un notaire situé à une heure de route.

Pour être à l'heure, j'ai dû sortir du véhicule alors qu'il était stoppé dans la file de circulation. J'étais perdu dans une ville inconnue, un sac de bijoux et une arme dans les bras ! Après quelques minutes de recherches, satisfait d'avoir trouvé l'étude sans boussole ni GPS, j'entrais et me présentais. Mais je n'étais pas le bienvenu : sur un ton très agacé, le notaire m'indiquait avoir précisé son refus de prendre en charge ces objets. Tel un vendeur de tapis, j'ai dû le convaincre de les garder.

Ressorti sans mes « encombrants », j'avais satisfait à la commande de mon boss. Souhaitait-il éprouver mes capacités d'adaptation, était-ce son mode de fonctionnement habituel ? Hélas, j'ai dû ensuite faire face à de multiples situations analogues. Le ton est parfois monté très fort tant il me manquait de respect. Je conserve le souvenir d'une de ses formules au terme d'un échange (« Va-t'en travailler maintenant ») dont la portée infantilisante, condescendante et méprisante avait provoqué de ma part une forte réaction verbale. Mais j'ai vite pris conscience de l'impossibilité de me faire entendre et fini par perdre confiance en moi.

Il possédait un « arsenal » pour entrer en guerre « froide » avec celui qui n'allait pas dans son sens : refus de congés, saisie d'outils de travail (scanner, imprimante, ou autres matériels indispensables), absence de réponse aux sollicitations par mail... Il pouvait me tourner le dos en réunion « cadres », m'inonder de demandes intempestives, me convoquer en urgence en me donnant « l'ordre » de lui transmettre par écrit les tâches accomplies la veille. Je crois que, pour lui, TOUT devenait un moyen d'impacter psychologiquement celui qui était sa cible du moment, y compris le laisser dans la pénombre en refusant de changer un néon grillé.

Chaque jour, j'avais le sentiment que le service venait de se créer la veille tant les interlocuteurs, les rôles, les fonctions, les statuts et les services étaient difficilement identifiables. Il est difficile pour moi de penser qu'il aura fallu plus de trente ans pour débusquer cet imposteur et mettre un terme à ses agissements, plus ou moins cautionnés par l'employeur, et assimilés à ce jour à du harcèlement moral par la médecine du travail et l'inspecteur, qui l'ont consigné dans un rapport du comité d'hygiène, de sécurité et des conditions de travail (CHSCT) accablant. Interrogés dans le cadre d'une expertise CHSCT, des administrateurs ont ainsi indiqué : « De toute façon il ne faut rien dire [...], il ne faut pas bouger car il n'y a pas de problème financier », oubliant ainsi leur responsabilité d'employeur et la qualité du service rendu.

Cécité complaisante

Personnellement, j'ai décidé d'engager une procédure au pénal contre ce directeur, ainsi qu'un autre recours devant le tribunal des affaires de sécurité sociale en reconnaissance de faute inexcusable de l'employeur, atteint à mon sens d'une « légère cécité complaisante » le privant de son devoir de protection des salariés.

J'ai été reconnu durant trois ans en maladie professionnelle au titre d'un syndrome anxieux dépressif, dont quelques séquelles persistent et compromettent mon équilibre personnel et mon retour à l'emploi. Le comité régional de reconnaissance des maladies professionnelles m'a accordé ce statut médical aux motifs suivants : existence de plusieurs facteurs de risques psychosociaux (charges de travail importantes, latitude décisionnelle *quasi* nulle, soutien social faible, violence verbale et menaces, qualité empêchée, conflit éthique).

Cette situation n'est certes pas propre au secteur social. Mais, dans le social, ces dysfonctionnements graves impactent inévitablement la qualité des missions confiées, comme ici dans un service de protection : comment prétendre protéger sans l'être soi-même ?

Je suis désormais inscrit à Pôle emploi. J'ai véritablement conscience de la difficulté pour moi de retrouver un travail au regard de mon âge (52 ans) et de « mon passif » lié en particulier à ce dernier emploi. Car dénoncer les injustices ou la maltraitance dans notre secteur est un véritable suicide professionnel.

L'Homme, dans toute son humanité, a créé des systèmes visant à venir en aide aux plus démunis. Néanmoins, des hommes dont le « H » n'est pas majuscule et dépourvus d'éthique annihilent les belles intentions de la nature humaine au profit d'intérêts personnels. L'Humain n'est alors qu'un joli mot souvent évoqué par ces derniers, comme un voile jeté sur la réalité.

FÉBRILITÉ ET ÉVITEMENT DES DIRECTIONS

Ce propos d'Éric Massat est édifiant. Comme lui, vous regrettez la fébrilité de certains dirigeants : qu'entendez-vous par là ?

Je veux parler du manque de courage, tout simplement. Cela tient à leur profil. Il y a souvent d'anciens directeurs parmi les administrateurs, et là il y a du bon et du moins bon dans les postures, car ils se considèrent souvent comme des experts incontestables. Certains deviennent des donneurs de leçons, sans forcément avoir démontré, lorsqu'ils étaient eux-mêmes « aux affaires », ce qu'ils exigent aujourd'hui des autres. Certes, on peut voir la bouteille à moitié pleine en considérant qu'ils ont finalement tiré les enseignements de leurs erreurs qu'ils souhaitent prévenir aujourd'hui, mais c'est loin d'être souvent le cas.

Cette fébrilité conduit selon vous à des évitements stratégiques…

Oui, il existe ce que j'appelle la stratégie d'*évitement* et celle d'*empilement* : la première consiste à tout mettre en œuvre pour ne pas parler des sujets qui fâchent, comme nous l'avons évoqué plus haut ; la seconde consiste à répondre aux obligations normatives, en formalisant outils, procédures et protocoles sans forcément s'assurer de leur valeur ajoutée « sur le terrain ».

Dans *Briser l'omerta !*, une cheffe de service raconte son devenir après des faits graves commis par deux professionnels, dont l'un (un viol) est passible de la cour d'assises, l'autre étant un vol de carte bleue d'une personne en situation de handicap afin d'« agrémenter » ses vacances. Elle a signalé ces actes gravissimes à sa direction, puis au directeur général de l'association. Ce dernier a dit : « Pas de vague, on va traiter ça en interne. » Elle est allée jusqu'au bout, a déposé plainte : les deux personnes incriminées ont été licenciées, mais sa hiérarchie lui a tellement pourri la vie qu'elle a été obligée de démissionner. Elle a fait une dépression alors que c'est quelqu'un de solide.

Voilà à quoi peuvent mener l'empilement et l'évitement : ces directeurs-là ont un bureau rempli de classeurs, c'est tout juste s'il n'y en a pas un pour le fonctionnement des poignées de portes. Ils empilent pour se couvrir et montrer à l'évaluateur externe qu'ils ont tout fait, qu'ils sont « dans les clous ». Évidemment, cela représente des dépenses considérables et du temps perdu. Montrer une belle vitrine sans faire visiter l'arrière-boutique est souvent suspect. Cacher ce qui peut être détestable, c'est refuser d'affronter la réalité.

Il existe malheureusement des illusionnistes qui vendent du vent, et ça marche auprès de certains organismes de contrôle et tarification. Je me souviens d'un directeur reconnu comme un expert de la vie affective et sexuelle des personnes handicapées. Un jour, après une réunion, il nous a fait visiter son foyer de vie. Les femmes étaient au rez-de-chaussée, les hommes au premier étage et les femmes avaient interdiction d'y monter... et il était expert en vie affective et en sexualité.

Est-ce que la gestion prime aujourd'hui dans les établissements ?

Ah oui. Je suis effaré d'avoir vu au cours de ces quarante ans une évolution des ordres du jour des conseils d'administration. D'ailleurs, certains administrateurs s'en vont parce qu'ils en ont marre de passer leur temps en réunion à étudier des budgets prévisionnels, des demandes d'investissement, des CPOM et *tutti quanti*, plutôt que de parler des usagers, des professionnels, des services. L'arborescence est au diapason : le directeur ne s'occupe plus que des budgets, et la plupart d'entre eux se plaignent des contraintes budgétaires, etc.

Est-ce vraiment plus contraint aujourd'hui qu'hier ? Le secteur a toujours été traversé par ces questions budgétaires. Plutôt que de se plaindre en permanence d'un manque de moyens, il faut d'abord s'intéresser à la manière dont ils doivent être organisés et déployés dans la structure.

Bien sûr, la gestion et les contraintes budgétaires doivent être prises en compte, il ne s'agit pas de les évacuer, et de toute façon c'est impossible. Mais cela ne doit pas être l'arbre qui cache la forêt. D'où le courage dont doit faire preuve la direction : celui d'affronter la réalité, de susciter les débats, les réflexions entre administrateurs, mais aussi d'être plus proche du terrain, sans chercher à tout connaître du quotidien des institutions, en participant à des journées de réflexion sur la bonne coordination entre les attentes associatives et les réponses de terrain.

À l'heure où la sécurisation du parcours des personnes est une priorité, celle des parcours associatifs ne l'est pas. Vous dénoncez ainsi l'absence de tuilage lors du départ des directeur(rice)s…

Ce tuilage est très rare, alors qu'il devrait être clairement inscrit dans les textes et les documents uniques de délégation.

Nous pouvons distinguer plusieurs situations : des héritages d'associations paternalistes où « tout a été fait », ce qui rend difficile la succession pour le futur directeur ; mais aussi des directeurs qui, certes, n'ont pas forcément à se mettre dans les pantoufles de leur prédécesseur, mais prennent un malin plaisir à considérer qu'il n'aurait fait que du mauvais travail !

C'est un réel problème, surtout quand des travaux ont été produits et qu'une dynamique de fonctionnement a été instaurée avec l'ancienne direction en y impliquant les professionnels.

Pour la continuité d'un projet, au-delà des hommes en présence, l'important, c'est l'état d'esprit et la philosophie qui seront développés. La continuité devrait donc être naturelle, même si la nouvelle direction doit imprimer sa touche personnelle.

Quand un départ à la retraite n'est pas préparé, des conflits peuvent éclater. Parfois, il y a au contraire une nécessité de rompre avec l'ancienne direction. Souvent, des solutions temporaires avec des directeurs par intérim sont instaurées, comme nous l'avons vu précédemment avec le témoignage de Pierre Salomon et de Nicolas Martin, mais le climat social peut en pâtir fortement et durablement. Je fais parfois des comparaisons avec les séparations de couple et les conflits autour de la garde des enfants : contrairement à ce que chacun essaie de faire croire, le père ou la mère sont rarement intégralement nuls ! Dans les périodes de transition, il faut garder de la mesure dans une dynamique co-constructive qui suppose d'intégrer un certain nombre de paramètres, notamment dans les exigences de cohérence, et plus particulièrement dans les phases de transition qu'imposent certains départs. À cet égard, le point de vue de Roger Weyl est éclairant.

Pour des transitions plus sereines : le rôle primordial de la dirigeance

par Roger Weyl

Les associations privées régies par la loi de 1901 et gestionnaires d'établissements et services du secteur social et médico-social sont aujourd'hui en difficulté tant les contraintes internes et externes qui pèsent sur elles ne leur permettent plus suffisamment de se concentrer sur leur mission principale : protéger et favoriser l'autodétermination des personnes les plus vulnérables. Pourtant, ce secteur d'activité, dont l'utilité sociale n'est pas à démontrer, est créateur d'emplois. Ainsi, dans les Pays de la Loire, région économiquement dynamique, 39 % des emplois créés ces quinze dernières années l'ont été dans ce secteur.

Dans un domaine d'activité d'à peine plus de 50 ans, qui s'est construit sur la bonne volonté et l'engagement, les pionniers de ce secteur étaient, de fait, très engagés. Les initiatives locales laissaient souvent un champ ouvert aux personnages les plus charismatiques, aux courants de pensée dominants, aux ajustements mutuels et locaux. Mais chacun convient que le système est « à bout de souffle », rongé par de multiples tensions et intérêts contradictoires.

L'époque des pionniers qui se sont battus pour créer des établissements et services est révolue, celle d'équipes de travailleurs sociaux relativement autonomes, encadrées par des cadres ancrés dans le même type de culture professionnelle et de comportement, l'est tout autant. Des directions générales ont suppléé les secrétariats généraux pour mettre en place les orientations nationales et les projets associatifs déclinés en plan d'actions opérationnels.

Nouveaux types de management

À la lumière des évolutions législatives, de la structuration croissante des associations employeurs, un cadre d'action est posé de plus en plus précisément pour les professionnels qui accompagnent au quotidien des citoyens en situation de handicap ou en difficulté sociale. Ce cadre traite de règles de sécurité, d'outils et méthodes validées d'évaluation et d'accompagnement des personnes, de procédures et processus divers articulés au cœur des projets d'établissements et de services.

Cette évolution inéluctable induit de nouveaux types de management structurants du fait qu'ils positionnent et mandatent les professionnels pour mener des actions avec des objectifs et des méthodes objectivables et évaluables autant que possible. Du point de vue de l'État de droit, rappelons ici la grande légitimité d'une telle évolution ! Car quoi de plus normal que des financeurs et des associations « employeurs » déterminent le service attendu qui doit être rendu auprès des personnes ? Le problème, car il y en a un, c'est que tout le monde n'a pas évolué ou voulu évoluer avec le même tempo. Dans nombre d'associations, établissements et services, une tension empêche tout lien structurant et cohérent autour d'un sens commun.

La conséquence est d'importance, car rien ne permet aujourd'hui, maintenant que nous avons du recul par rapport aux lois de 2002 et 2005, d'affirmer que le service rendu est globalement de meilleure qualité. Il est très probablement plus lisible, plus structuré, moins « professionnellement endogène » et plus accessible aux usagers et à leurs familles. La promotion des droits des personnes, les projets personnalisés, les évaluations internes et externes, la qualification des personnels cadres et non cadres sont salutairement passés par là.

Redynamiser le secteur

Mais le climat social s'est dégradé. Il serait aisé, à partir d'évaluations externes affinées, d'en apporter la preuve en analysant sérieusement et impartialement la qualité des projets personnalisés d'accompagnement, leur lisibilité, les multiples ruptures dans les accompagnements et parcours de vie. C'est encore bien souvent aux usagers et à leurs familles de s'adapter aux compromis sociaux, consensus mous et habitudes en place dans les établissements et services. Il serait également très intéressant d'analyser, ici et là, la pertinence de l'implantation géographique de telle ou telle structure, le taux de *turn-over* des personnels, l'absentéisme croissant...

Comment en est-on arrivé là ? Comment redynamiser ce secteur d'activité de l'économie sociale et solidaire, si innovant et si précieux d'un point de vue sociétal, dont le dynamisme n'est plus à prouver?

Il faut d'abord analyser les causes qui ont conduit à une telle situation. Il s'agit, à partir de faits précis, d'étudier les organisations et systèmes actuels, les rôles et places des principaux acteurs (personnes en situation de vulnérabilité, familles et représentants légaux, associations employeurs, administrations de tarification, dirigeants, salariés, IRP, territoires...) en observant en quoi la nature de leurs relations influe sur le service rendu au quotidien.

Je propose ensuite des hypothèses d'organisations pouvant permettre de rassembler les acteurs autour d'un sens commun, en me centrant sur plusieurs thématiques fondatrices et leurs imbrications. Parmi elles: la loi de 1901 et ses atouts incontestables, la nécessité d'une ambition politique en valorisant le service rendu aux personnes, la place du secteur dans l'économie sociale et solidaire et son engagement dans la démarche de responsabilité sociétale des organisations, la place de la personne en situation de vulnérabilité en tant qu'acteur de premier rang et l'engagement « coopératif » des salariés.

Les associations doivent aussi penser les types d'organigrammes pour accompagner les personnes sans ruptures, les places de chacun dans l'entreprise sociale, la délégation, les marges d'autonomie, mandats et modes de *reporting*, l'articulation entre gouvernance et dirigeance, les atouts, faiblesses et conditions de la réussite des positionnements intermédiaires. Elles doivent aussi réfléchir à la politique employeur de dynamisation des personnels, à la nécessité d'un nouvel environnement conventionnel et de nouvelles grilles de rémunérations, et évaluer les systèmes d'information, logiciels et progiciels, leur place au cœur du projet en tant que moyens.

Penser les transitions

Enfin, dans un dernier temps et au titre de la continuité d'une action sereine auprès des personnes, il faut évoquer la question des transitions. Car, lors du départ de présidents, de directeurs ou de membres influents dans une organisation, trop de transitions « ratées » engendrent souvent des dysfonctionnements, des souffrances, des coûts cachés et déstabilisent l'ensemble des acteurs d'une association.

Dès lors, comment imaginer des transitions plus sereines ? Peut-être conviendrait-il de les préparer en analysant finement la place effective, la personnalité, la « popularité », le charisme de la ou des personnes qui partent, ainsi que le type d'organisation en place et son fonctionnement réel.

Plus précisément, il s'agit d'étudier en quoi et comment il pourrait être utile, lors de toute transition sur des postes « importants », d'établir un diagnostic simple et efficace sur lequel asseoir la mission du postulant. Le diagnostic peut porter sur divers sujets :
– à l'interne sur le fonctionnement des institutions, du conseil d'administration et de son bureau, la prévention d'éventuels conflits d'intérêts, l'articulation des rôles « président et directeur général » sur les recrutements, la gestion financière et du patrimoine, les mandats et le *reporting*, l'organigramme de direction, les délégations et les lettres de mission, la cohésion et l'évaluation des cadres, le système de communication formel et la régulation de l'organisation, la politique de ressources humaines, les rémunérations, la formation, l'absentéisme, la cohésion sociale, la participation, l'implication et l'évaluation des personnels, l'appartenance identitaire, une analyse des grands équilibres financiers et des projets en cours ;
– à l'externe sur la nature des relations avec les autorités de tarification, l'influence de l'association sur les territoires et sa responsabilité sociétale, les relations avec les autres associations et le niveau d'inclusion dans l'environnement...

Ce diagnostic doit être effectué par étude documentaire, entretiens individuels et collectifs pour être rapporté sous diverses formes à tous les acteurs de l'association.

Gageons qu'en étudiant les rôles et attitudes des acteurs qui partent, en analysant précisément l'organisation réelle, en positionnant les « successeurs » sur les vecteurs de la transmission et du renouveau, les transitions pourraient se dérouler plus sereinement.

Des clefs pour agir sur les symptômes

Des clefs pour agir sur les symptômes

Des solutions de bon sens

« Sortir d'une vision binaire de ce qui va bien ou mal, considérer que chacun a une part de responsabilité dans ce qui peut ou doit être amélioré. »

LE DIAGNOSTIC PARTAGÉ

Selon vous, aucun bien-être n'est possible sans diagnostic initial. C'est le sens de toute évaluation interne ?

Une bonne évaluation interne est celle qui donne les moyens de mettre en exergue les atouts et les points à améliorer dans un établissement ou un service. C'est une étape fondamentale que les directions ont malheureusement vécue d'abord comme une contrainte, car elle leur a été imposée par la loi de 2002 et ses décrets. C'est tout juste si elles ne cautionnaient pas ainsi les oppositions des professionnels « rebelles », refusant le mot même d'évaluation et bien sûr tous ses corollaires, arguant du fait que le travail auprès de l'humain ne pouvait pas être évalué, que c'était un non-sens. Ce caractère obligatoire a ainsi détourné la finalité de l'exercice, la plupart souhaitant au départ s'en acquitter, sans forcément avoir saisi l'intérêt capital de pouvoir s'arrêter et faire le point sur le fonctionnement interne de l'organisation.

Pour qu'elle produise des effets, une bonne évaluation interne suppose plusieurs conditions. D'abord que tous les acteurs, de l'usager au conseil d'administration, en passant par les directeurs, les partenaires et les autorités de tutelles jouent le jeu. Évaluer, ce n'est pas dire : « On est les plus beaux : la preuve. » C'est distinguer les pratiques sur lesquelles on est plus ou moins bon, puis arriver à poser les différents constats pour pouvoir les traiter. Quand ces éléments ne sont pas réunis, l'évaluation ne sert à rien.

Cela prend du temps ?

De trois à six mois. Mais consacrer le temps qu'il faut pour éviter de reproduire des dysfonctionnements, pour voir si les prestations développées sont adaptées, si le travail entre services s'inscrit bien dans l'interdisciplinarité, si les coûts cachés du fonctionnement ne sont pas trop élevés, ce n'est jamais du temps perdu.

Une évaluation commence, selon votre méthode, par un diagnostic partagé : pouvez-vous nous décrire ce processus ?

Attention, je pourrais en parler pendant des heures[2] ! Le diagnostic partagé, c'est un principe qui consiste tout simplement à entamer une démarche la plus exhaustive possible d'évaluation de tous les

---

2. Le processus global du diagnostic partagé est présenté en annexe 2.

paramètres, de toutes les interactions qui déterminent le fonctionnement d'une organisation, dans une logique systémique.

Il ne s'agit pas des évaluations internes et externes telles qu'elles se déroulent couramment, avec plus ou moins de complaisance. C'est un processus extrêmement rigoureux basé sur quatre postulats : veiller à ce que chacun soit écouté et entendu, sans qu'il y ait une prévalence d'une parole par rapport à une autre ; considérer que seul un problème bien posé peut être résolu ; affirmer qu'il n'y a pas de petite difficulté pour celui qui la vit ; et rappeler qu'il n'y a pas de noblesse de fonction, donc pas de supériorité des propos des personnes aux statuts plus élevés.

Il s'inscrit dans une logique intégrale donnant la parole à toutes les catégories d'acteurs, pas seulement à celles qui sont autour des personnes accueillies au quotidien, mais aussi à toutes celles qui sont en périphérie, en considérant que les avis des uns peuvent être tout à fait complémentaires de ceux des autres. Il est tout à fait adapté aux situations de crises, de tensions ou de conflits, en permettant à chacun de s'exprimer, sans retenue, dans le respect de l'anonymat. Mais il doit aussi devenir un outil permanent, notamment pour les évaluations internes et externes. Tout projet doit partir d'une photographie précise de l'établissement ou du service, comme quand on construit une maison : il faut avoir au préalable sondé les fondations.

Le diagnostic partagé permet de sortir d'une vision binaire de ce qui va bien ou mal, de considérer que chacun a une part de responsabilité dans ce qui peut ou doit être amélioré. Quand la direction de l'établissement ou du service respecte ce processus, elle fait preuve d'un certain courage en acceptant que chacun puisse évoquer ses ressentis, sur les seize thématiques que nous proposons. Cela renforce sa légitimité. Bien sûr, elle ne doit pas être *in fine* dans une logique de censure. Cela peut arriver : certaines me demandent d'accéder au diagnostic en amont. Je refuse toujours, en rappelant les règles du jeu : restitution à tout le monde en même temps.

Comment se déploie-t-il ?

En plusieurs étapes, dont la première consiste à sensibiliser tous les acteurs internes, invités à assister à la présentation du processus auquel ils vont être conviés. « L'être humain aime savoir où le conduit le chemin qu'il emprunte », nous dit Dominique Bériot (2014), et il s'agit bien d'inscrire le diagnostic à venir « avec l'objectif de progrès qui le motive », en envisageant cette mise à plat comme levier d'évolution. Cela permet à chaque acteur de se positionner en comprenant les intentions stratégiques de l'action envisagée et l'intérêt capital d'y participer pleinement, pour peu que soit posée la visée suprême d'un effet positif et durable sur l'ensemble de l'organisation.

Il est important d'insister sur ce type d'approche qui vise l'amélioration de l'environnement global du travail, en renonçant à agir d'abord sur l'homme, « à le contrôler, le motiver [...], en privilégiant l'action sur l'environnement qui, de fait, nourrit la nature humaine et satisfait ainsi les besoins fondamentaux de l'homme » (Getz, Carney, 2013).

Sur ces postulats, je réunis tous les acteurs en général en deux groupes (un le matin, un l'après-midi), pour ne pas porter préjudice aux contraintes de service. Cette phase dure trois heures et tout le processus est précisé.

Ensuite, j'effectue une analyse documentaire des outils élaborés dans l'établissement, pour voir s'ils répondent bien aux obligations réglementaires, mais surtout s'ils sont « vivants ». Je précise que je donnerai la parole à toutes les catégories d'acteurs par petits groupes, en mettant notamment en évidence les postulats que je viens d'évoquer, tout en invitant à reconnaître que la direction fait preuve de courage en acceptant que les gens disent ce qu'ils pensent sans aucune censure. J'explique également que je vais aussi interroger les personnes accueillies et accompagnées, les partenaires, les familles, les représentants des autorités de contrôle et de tarification, les IRP, etc.

Que se passe-t-il ensuite ?

Quelques jours ou une semaine après, en ayant élaboré la planification des rencontres en accord avec la direction, je reviens (selon la taille de l'organisation) pour deux à quatre journées d'entretiens d'une heure et demie par petits groupes. J'interroge les acteurs sur tous les aspects du fonctionnement de l'organisation :

les orientations politiques et stratégiques, l'application des droits fondamentaux et la personnalisation des réponses dans une logique de parcours, le management, l'organisation du travail, les dispositifs de communication, la sécurité et la santé au travail, etc.

Je prends entre 100 et 200 pages de notes exhaustives. Après, je traite ces données en les insérant dans un référentiel qui comprend cinq grands thèmes : le respect du cadre politique, législatif et contextuel de l'institution, l'effectivité de la mise en œuvre des droits fondamentaux des bénéficiaires, l'efficience de la gestion des ressources humaines, l'adéquation de la sécurité ainsi que des moyens structurels, matériels et financiers, et, enfin, les pratiques évaluatives et l'engagement qualité.

Les professionnels parlent-ils facilement des tensions qu'ils vivent au quotidien ?

Oui, car ils ont bien compris les règles du jeu et ils ont besoin de s'exprimer. En général, ils « se lâchent », et j'essaie aussi de donner la possibilité à ceux qui n'ont pas pu s'exprimer devant leurs collègues de venir me rencontrer individuellement pour faire des apports complémentaires.

Je les invite toutefois à « factualiser » les situations évoquées. Exemple : quand l'un me dit que son chef de service est un « sale con », je lui précise qu'il y a des limites de langage ! Et qu'il peut formuler les faits autrement, en disant par exemple que son chef de service « est trop autoritaire ».

Ce qui suscite le plus d'aigreur, c'est la non-reconnaissance, le sentiment de ne pas être écouté ou entendu par l'encadrement hiérarchique ou les collègues. D'où parfois l'émotion qui s'exprime quand ils sont enfin écoutés. Certains disent que c'est la première fois qu'ils disposent d'un temps pour faire le point sur la manière dont ils travaillent et dont l'établissement fonctionne.

Vous avez déjà une vision d'ensemble à ce moment-là ?

J'ai un recueil, mais il n'est pas encore structuré. Je sélectionne alors des phrases-témoins et les surligne, sans les analyser. Je les glisse dans le référentiel, ce qui permet de lister les points forts et les points à améliorer.

Il peut y avoir entre 600 et 1 500 phrases-témoins, selon la taille de l'organisation ! Quand je les mets en relation avec des idées clés – en reformulant tous les avis recueillis que je classe par item et par sous-items –, des convergences et des divergences apparaissent et c'est là que j'effectue la synthèse et l'analyse. Exemple : « Point fort : le projet associatif existe, a été élaboré et présenté au collège de direction. Point à améliorer : "Nous savons qu'il existe un projet associatif mais il n'a jamais été présenté au personnel." Synthèse : "le projet associatif a été élaboré, il constitue un support de référence partagé par les équipes de direction, mais il est a priori méconnu et non approprié par le reste du personnel". »

Ce travail a du sens. Du diagnostic partagé surgissent les énoncés de dysfonctionnements majeurs, liés à une mauvaise communication, coordination, concertation entre telle catégorie d'acteurs et telle autre, à un écart entre les compétences disponibles et les compétences requises, etc.

Comment se passe la restitution ?

Les personnes sont souvent tendues avant que ça commence, puis rassurées à la fin, car elles constatent qu'elles ont bien été écoutées et, surtout, entendues. Neuf fois sur dix, cela engendre une prise de conscience qui correspond bien à la photographie de l'organisation, à ses atouts et à ce qu'il convient de renforcer ou d'améliorer.

Je répète que je refuse d'effectuer cette restitution auprès de la direction avant les autres : elle a lieu en même temps pour tout le monde, avec toutes les personnes consultées. Là aussi, cela dure trois heures. Je présente l'analyse globale, ainsi que les préconisations à travailler. Ensuite, cette restitution est validée ou non. Mon travail consiste à être le plus honnête possible : je ne m'appuie que sur ce qui m'a été dit, tout en précisant que je n'ai pas la prétention d'être parfaitement exhaustif.

Je propose ensuite un temps complémentaire pour la mise en place d'un « groupe de progrès », composé de professionnels de toutes les catégories confondues, sans les cadres hiérarchiques qui seront conviés ultérieurement pour la validation. Ce groupe de progrès est invité pendant deux ou trois jours à reprendre les dysfonctionnements principaux pour réfléchir aux solutions afin d'y remédier. Le processus de résolution de problèmes doit être scrupuleusement respecté[3] : il ne faut pas élaborer de solutions sans avoir pris le temps de cerner les conséquences et les causes des problèmes posés. Il s'agit bien d'être au clair sur le problème énoncé, d'analyser les différentes causes de ces dysfonctionnements : les causes premières qui viennent d'emblée à l'esprit, les causes profondes (analysées au cours des échanges entre les participants) et les causes racines, qui sont davantage liées à l'histoire institutionnelle, aux habitudes du secteur d'activité et/ou des professions.

Des objectifs généraux et opérationnels peuvent alors être dégagés et s'inscrire dans un plan de progrès, en corrélation avec les obligations de l'évaluation interne. Je termine en les aidant à mettre en place un comité de pilotage pour le suivi de ce plan, souvent composé des mêmes personnes que le « groupe de progrès ».

---

3. C'est ce que j'ai pu conduire dans mes deux expériences de directeur selon l'approche de Henri Savall et Véronique Zardet. J'ai témoigné, avec Bruno Grasser, sur la mise en place de cette démarche à Montaut, puis à Cholet, lors des colloques organisés à Lyon « L'audit social au service du management des ressources humaines » (1994) et « PME-PMI : le métier de dirigeant et son rôle d'agent de changement » (1998).

J'imagine que cette restitution n'est pas toujours aisée à réaliser dans des établissements à forts dysfonctionnements ?

Ah oui ! Parfois j'y vais en sachant qu'elle risque d'être mal perçue, notamment par les cadres de direction ou de proximité. Dans ces cas-là, je fais attention à mettre en avant les aspects positifs de leur fonction, sans nier ce qui dysfonctionne sur des aspects essentiels.

La difficulté, c'est que les gens ne retiennent d'abord que ce qui est posé de façon négative et pas les points positifs. Donc, évidemment, ceux qui réagissent mal n'impriment pas le positif et restent sur un sentiment d'agression. Alors que mon rôle consiste à dire qu'il faut soutenir le positif et réfléchir aux moyens d'améliorer le reste !

Mais très souvent, les professionnels sont soulagés par la restitution et me disent : « Enfin c'est posé, on va pouvoir traiter les dysfonctionnements » ou « Ce qui est écrit là, c'est la vérité, il faut arrêter de la nier ». Donc ça peut faire mal, mais aussi beaucoup de bien ! Cela nécessite d'être dans l'empathie, mais jamais dans la complaisance.

Globalement, les gens sont plutôt dans une logique de co-construction. Les adeptes des approches normatives ne vont certes pas s'en emparer avec enthousiasme, mais ceux qui ont une appétence pour les approches qualitatives vont y trouver davantage de sens. Mais une fois que les professionnels ont compris l'intérêt de ce processus et surtout le gain de temps et de sérénité pour l'établissement, cela les encourage à aller plus loin. Sauf à évoluer avec une direction dictatoriale… adepte, comme je l'ai déjà dit, de la stratégie de l'évitement et de l'empilement.

Avez-vous un retour à long terme de vos interventions ?

Oui, souvent. D'abord parce que je propose toujours d'aller passer deux jours dans l'établissement un an après, puis encore deux jours deux ans après. Le constat est simple : certains ont réellement mis en œuvre le plan d'actions, ce qui suppose du courage, car il faut parfois repenser un certain nombre de supports et de dispositifs. D'autres ont laissé traîner et n'ont pas engagé d'actions suffisamment solides pour aboutir à une évolution notable.

Ce bilan d'étape est capital. Lorsque la situation est particulièrement critique, je subodore parfois le pire en craignant, ce qui peut arriver, que les préconisations – pourtant co-construites et validées tant par les directions et les professionnels que par les IRP – n'aient pas été mises en actes ou trop partiellement. Cela me conduit à réaffirmer trois points importants : la nécessité d'une approche diagnostique systémique la plus exhaustive possible, le traitement de tous les dysfonctionnements majeurs, d'où qu'ils émanent, de manière participative et co-constructive, et l'effectivité de la « mise en actes » de ce qui a été déterminé collectivement, en s'assurant de la réalisation concrète du plan d'actions dans le respect de l'échéancier.

Quelle est la clef pour que ce processus parvienne à ses fins ?

Que chacun comprenne les contraintes des autres, comme je l'ai indiqué. Un souvenir me revient d'une psychologue qui m'avait asséné, devant ses collègues éducateurs médusés : « Mais, moi, Monsieur, je suis là pour penser, pas pour agir. » C'est dire si parfois le chemin est escarpé !

Que l'évaluation soit encore mal vue par certains professionnels, cela vous agace ?

Ah oui ! Dans le secteur, il existe des héritages tenaces selon lesquels le travail sur et avec l'humain ne peut être ni évaluable ni quantifiable. Or, bien sûr que la qualité d'une relation entre professionnels et usagers peut s'évaluer, par des observations, les retours du public accompagné, les réflexions développées dans les réunions, les CVS.

Mais l'évaluation fait aussi peur parce que les mentalités sont rétives à la volonté d'énoncer ce qui dysfonctionne, à la remise en cause réflexive et réciproque, « au balayage devant sa porte ». C'est comme si l'on ne souhaitait parler que de ce qui va bien. Il existe une difficulté à s'autoriser à interpeller les autres, en raison de la place énorme des affects, qui transforme la remise en cause bienveillante en agression ou en position de retrait.

Quand j'entends dire : « Grâce à vous en deux jours on a crevé un abcès qui a duré sept ans », je me dis que le rapport humain, qui devrait être beaucoup plus simple, est freiné par les représentations des uns et des autres sur l'évaluation, ainsi que l'affect surdimensionné dans leurs relations de travail. Or, si mon médecin me prescrit une ordonnance qui n'a rien à voir avec ce dont je souffre, je vais l'évaluer rapidement ! Ceux qui refusent l'évaluation sont souvent dans la plainte : « Vous allez nous demander de faire ci alors qu'on a à peine les moyens de faire ça. » Je ne supporte pas cet alibi : commencez par démontrer que vous utilisez bien les moyens qui vous sont octroyés et nous verrons ensuite. Si une direction souhaite améliorer son fonctionnement, c'est la démarche évaluative qui démontrera avec quels moyens y parvenir et permettra de formaliser un argumentaire en ce sens.

UN MANAGEMENT ADAPTÉ

Contre les « carences managériales », vous prônez un management bien spécifique : quel est-il ?

Selon moi, le management doit revêtir cinq caractéristiques, à commencer par le *management participatif*. C'est un peu « tarte à la crème », car on peut y mettre n'importe quoi, mais il s'agit bien de piloter une organisation « avec le concours de toutes les catégories professionnelles » qui doivent pouvoir s'impliquer dans la démarche collective d'une structure.

Le management doit aussi être *pro-actif* : c'est ce qui permet de passer de la gestion quasi permanente dans l'urgence et l'immédiateté à une gestion sur les court, moyen et long termes, avec davantage d'anticipation que de réaction, pour que les orientations opérationnelles rejoignent les orientations stratégiques et prennent sens dans les pratiques.

Le troisième pilier est le *management co-constructif* : je me réfère ici à un ouvrage récent de Michel Foudriat (2016) où il explique que co-construire, c'est permettre à tous les métiers d'apporter leur contribution à la réflexion sur l'élaboration de l'écriture, la mise en œuvre, le suivi et l'actualisation des différents projets.

Il faut également développer un *management de proximité*, c'est-à-dire donner la possibilité aux cadres et à tous les acteurs d'exercer leurs fonctions de la façon la plus autonome possible, de leur permettre la prise d'initiative, sans être parasités par d'autres fonctions.

Et enfin, cinquième nécessité, le *management en subsidiarité*, qui consiste à respecter pleinement la délégation que l'on a donnée sans s'immiscer dedans. Ainsi, un coordonnateur de projet est censé piloter l'accompagnement, les liens avec les partenaires, les familles, les usagers, sans forcément accompagner au quotidien. Il ne faut pas shunter celui qui exerce la mission qu'on lui délègue. Mais c'est très difficile !

Quelle est la différence entre participatif et co-constructif?

La co-construction va plus loin que la participation, car elle considère que les apports de chacun, à partir de son parcours, de sa qualification mais aussi de son vécu sur le terrain et de ses observations, sont des atouts pour comprendre les situations et les faire évoluer. C'est considérer que l'agent d'entretien ou la personne qui assure les conduites des usagers le matin et le soir, souvent « au carrefour » de la vie de l'organisation, peut apporter sa pierre à l'édifice pour fournir des observations, voire des réponses encore plus pointues aux besoins des usagers. Il ne s'agit pas non plus pour la responsable des ressources humaines par exemple d'établir les plannings d'activités ou de préparer le budget prévisionnel, car chacun son métier. Mais s'appuyer sur toutes les fonctions permet de mieux construire ensemble.

Pour idéale qu'elle puisse être, la co-construction doit être assez complexe à mettre en œuvre. Comment y parvenir, entre autonomie revendiquée de certains acteurs et autorité nécessaire ?

Pour favoriser et mettre en œuvre une démarche co-constructive de progrès, il faut bien sûr trouver le meilleur équilibre possible entre ce qui doit respecter l'autonomie des acteurs et l'exercice bienveillant de l'autorité. Pour y parvenir, il est nécessaire de décliner au mieux, pour toutes les fonctions (du directeur général à l'opérateur de terrain) les tâches[4] réalisées ou à réaliser.

Il y a d'abord celles que l'on est autorisé à faire en totale autonomie, sans rendre de compte à qui que ce soit, car cela fait partie de la gestion courante liée au métier pour lequel on a été recruté sur les pré-requis attendus.

Il y a ensuite celles qui s'inscrivent dans la marge de manœuvre dont on bénéficie dans sa fonction, qui renvoient à la confiance envers l'acteur et vis-à-vis de ses aptitudes à prendre des initiatives *ad hoc* qui font alors l'objet d'une information *a posteriori* de sa hiérarchie.

Il y a aussi celles qui peuvent être opportunes, qui sont alors suggérées et proposées à la hiérarchie, mais qui ne peuvent s'engager qu'après son accord, parce qu'elles peuvent nécessiter des moyens complémentaires et venir interroger la cohérence des prestations envisagées avec la logique de mise en œuvre du projet de l'organisation ou des projets personnalisés d'accompagnement.

Il y a enfin celles qui s'imposent à chacun, là encore en référence à son statut, parce qu'elles renvoient clairement à la réglementation (droit du travail, par exemple), au respect des protocoles ou de certaines normes (sécurité ou autres).

4. Cet éventail des quatre niveaux de tâches a été finalisé à l'appui des apports de Henri Savall et Véronique Zardet (1995, 1999).

Vous dites qu'un bon cadre doit être présent sans être omniprésent : mais jusqu'où déléguer ?

Ce qui est important, c'est la qualité de présence et non la quantité. Dans les protocoles, les marges de manœuvre des uns et des autres doivent être définies au plus près de leur activité. Les délégations doivent être très clairement posées, en s'assurant que les personnes en délégation sont en capacité de les exercer. Cela ne va pas de soi, demande du temps, voire la mise en place d'un tutorat au début. Mais il est important de laisser les coudées franches au cadre pour exercer sa délégation.

Pour toutes les fonctions (directeur général, chef de service, coordonnateur de projet ou d'unité), il existe cet éventail des quatre niveaux de tâches, avec d'un côté l'autorité et de l'autre l'autonomie. Et pour que cela puisse fonctionner, un équilibre doit exister – j'insiste bien sur ce point – entre les tâches pouvant être effectuées en totale autonomie, sans avoir à en rendre compte, celles faites en autonomie mais avec un compte rendu *a posteriori*, celles qui ne doivent être effectuées qu'après concertation avec la hiérarchie et celles qui s'imposent au professionnel, qu'il soit d'accord ou non.

Sans cet équilibre des tâches, il peut d'un côté être livré à lui-même et on peut considérer que l'encadrement est laxiste – cela peut aller d'ailleurs jusqu'à l'anarchie, quand chacun fait comme il veut –, et de l'autre, c'est l'autoritarisme, avec des professionnels uniquement placés dans un rôle d'exécutants. Or, l'équilibre permet la concertation et le management co-constructif. J'ai déjà vu par exemple une maîtresse de maison qui attendait le chef de l'entretien pour ouvrir le local contenant son chariot de ménage : nous étions clairement dans l'exécution de tâches, sans confiance dans la personne pour gérer elle-même ses produits d'entretien. Comment, dès lors, lui demander de s'investir dans sa fonction ?

Quand j'étais directeur à Cholet, la maîtresse de maison m'avait signalé que les stocks de produits d'entretien ne correspondaient pas aux besoins réels. Nous avons mis en place les fonctions de pilote et elle est devenue pilote des services généraux et de la logistique (lingerie, ménage). Je lui ai confié la délégation d'accueil des fournisseurs, et je n'en ai jamais rencontré un, car elle était plus compétente que moi en la matière. Elle était responsabilisée, disposait d'une enveloppe sur l'année, et se débrouillait avec. Elle était valorisée, ses conditions de travail étaient améliorées et en plus elle a fait faire 30 % d'économie à l'établissement.

Le cadre doit-il rester joignable à tout moment ? Dans certaines situations (foyer d'accueil d'urgence, par exemple), il faut agir rapidement…

Le management en subsidiarité, c'est considérer que la personne va pouvoir se passer de l'omniprésence du supérieur hiérarchique. Je me méfie des cadres qui prétendent être toujours accessibles, car en général la qualité de leur disponibilité n'est pas à la hauteur. Je suis un peu excédé par tous ceux qui considèrent qu'ils peuvent être partout tout le temps et qui donnent des délégations sans les laisser réellement s'exercer. Évidemment il faut prévoir des astreintes en cas d'urgence.

Dans la démarche socio-économique de management, nous parlons de *pilotage décentralisé et synchronisé*, ce qui suppose du temps pour faire le point sur l'effectivité, la réussite ou les difficultés dans la mise en œuvre des délégations. Par exemple, j'intervenais récemment dans un foyer d'accueil d'urgence où les professionnels sont constamment dans l'urgence. Je leur ai demandé de réfléchir à une meilleure organisation, car je suis sûr qu'ils y gagneraient un temps précieux, tout en valorisant leur travail.

L'INTELLIGENCE PLURIELLE AU SERVICE DE TOUS

Votre engagement est fort. Vous militez pour une prise en compte concomitante de la qualité de vie au travail et de la qualité de l'accompagnement. Vous parlez d'intelligence plurielle. Comment cela se traduit dans les organisations ?

Il me paraît capital de préciser deux points essentiels : il est temps d'inverser la tendance actuelle qui oppose qualité de vie des salariés et qualité d'accompagnement des usagers, et de toujours établir un diagnostic fiable et complet sur l'ensemble des dimensions de la vie au travail, mais aussi de la qualité du travail lui-même.

Nous mettons ces options au cœur de toutes nos démarches d'accompagnement en considérant à la fois les attentes des personnes accompagnées et les aspirations des professionnels, en nous appuyant sur une approche diagnostique systémique. Tous les domaines de la vie au travail et de l'accompagnement sont interdépendants. Seul le croisement des regards permet de passer d'une expression subjective à une évaluation objectivée. Comme l'indique Yann Rollier, directeur du centre régional d'études, d'actions et d'information en faveur des personnes en situation de vulnérabilité (CREAI) de Bretagne, « cela ne sert à rien de proclamer l'importance de "prendre soin" si l'on ne voit pas que cela suppose de prendre soin de ceux qui prennent soin[5] ».

L'actualité[6] autour de cette affirmation est notamment illustrée par les divergences autour de la loi travail (dite loi El Khomri) qui ont généré des manifestations incisives et des incompréhensions notoires (auxquelles il n'est pas assuré que le nouveau gouvernement réponde).

---

5. Cité par Roland Janvier dans *Éthique de direction en institution sociale et médico-sociale* (2011).

6. Le journaliste Pierre-Louis Augereau, dans un article publié dans le *Courrier de l'Ouest* du 29 juin 2016, a réagi au licenciement du médecin du travail du CHU et des collectivités locales, dont la mairie de Saumur, en posant cette question : « Qui va s'occuper de la santé de celles et de ceux qui s'occupent de notre santé ? »

« Prendre soin » des professionnels, quels qu'ils soient, reste un vœu pieu ?

Il est certainement important de rappeler, avec Christian Heslon, qu'étymologiquement « le travail a une connotation négative, car ce mot vient du latin *trepallium* (trois pieux) qui désignait un instrument de torture[7] ». Dès lors, difficile de ne pas faire le rapprochement avec les facteurs de risques psychosociaux (le stress, la charge de travail, la souffrance au travail) pouvant conduire au *burn-out*, au *bore-out* ou au *brown-out*, comme nous en avons parlé au début de notre entretien.

Cette origine du mot « travail » pourrait amener à penser que la *qualité de vie* au *travail* serait une injonction paradoxale. Mais il faut bien voir que les conditions et les moyens permettant de s'approprier cette notion de plaisir au travail et d'épanouissement sont insuffisamment théorisés, pensés et réfléchis.

Christian Heslon, à l'appui des recherches qu'il a effectuées ou dirigées, affirme que « pour beaucoup de professionnels en France, le travail est quelque chose de dévalorisé et n'est pas perçu comme une œuvre ou une satisfaction ». Il y voit « plusieurs raisons dont la montée de l'économie libérale et la logique des mises en concurrence », ce qui peut être mis en lien avec la raréfaction des moyens budgétaires, les appels à projet, et ce sentiment qu'ont beaucoup de professionnels d'une « marchandisation

---

7. Le *Courrier de l'Ouest* du 1er octobre 2016.

du sanitaire, du social et du médico-social » sur laquelle Michel Chauvière (2010) s'interroge.

Il s'agit donc bien de veiller à ce que tous les niveaux d'action, quels que soient les fonctions et les statuts dans les différentes catégories professionnelles, soient obligatoirement associés dans ce qui peut n'être qu'un engagement collectif prenant en compte toutes les singularités : « On peut inventer seul, on n'innove bien qu'à plusieurs », nous dit Hervé Sérieyx (2003). Mon idée est bien de marteler que c'est possible, comme l'illustre la démarche très audacieuse de la directrice de l'Institut départemental de l'enfance et de l'adolescence des Pyrénées-Orientales (IDEA), Marie-Laure De Guardia.

Management et qualité de prise en charge en protection de l'enfance

par Marie-Laure De Guardia

Au départ, il y a la notion d'institution, d'établissement ou d'entreprise. Quel que soit le nom qu'on lui donne, c'est « une réalité humaine, forgée autour de règles communes, permettant de coopérer, d'agir en commun », nous dit Achille Weinberg (2012). L'institution se voit traversée de logiques de pouvoir, de résistance, d'agir, de consensus, de solidarité. Cela crée un espace réel et symbolique bien bordé qui permet au professionnel ou à l'usager qui a « le droit » d'y être, « d'en être » s'il le souhaite.

Celui qui a en charge la mission de diriger l'institution sait qu'il fait pleinement partie de cet ensemble, et que cela lui confère des obligations et des responsabilités vis-à-vis de lui. Particulièrement en protection de l'enfance : des lignes hiérarchiques courtes, des prises en charge peu protocolisées et la culture des travailleurs sociaux participent à faire du directeur l'homme ou la femme de toutes les situations, même de façon symbolique. Interpellé sur toutes les difficultés, il lui faut entendre, savoir et répondre, ce qui lui permet de « sentir » le climat et d'en ressentir les effets délétères ou positifs sur la vie du collectif.

Frustration du directeur des ressources humaines (DRH)

L'expérience de la fonction de DRH en centre hospitalier m'avait auparavant fait découvrir la frustration d'avoir un trésor dans les mains pour produire une bonne qualité de prestations, sans avoir le droit d'y toucher. Car je ne pouvais pas donner à la matière humaine, principale et seule ressource dont je disposais pour assurer la mission, ce dont elle avait besoin pour se développer et donner le meilleur d'elle-même. Pour les questions de statuts, il fallait s'adresser aux syndicats, pour les questions d'effectifs, aux cadres, sans oublier les médecins et autres directeurs surveillant jalousement la part de ces professionnels qui leur revenait ! Aucun d'entre eux ne faisait appel à la DRH pour les mobiliser ou les accompagner professionnellement, sauf si cela posait un problème dans le service ou si un syndicat s'en mêlait.

J'avais certes la possibilité de mettre en place des projets institutionnels, portant notamment sur l'amélioration des conditions de travail ou l'évolution des métiers sensibles. Mais toujours avec des cadres et des représentants du personnel et sans jamais vraiment pouvoir me rendre compte de l'application réelle dans les services. Et pourtant, en cas de difficultés importantes, de conflit collectif, de démobilisation d'un agent, cette ressource si précieuse s'épuise rapidement et gravement si personne n'en prend soin.

Ont suivi quelques années d'exercice de la fonction de direction, pendant lesquelles j'ai retenu quelques principes pour réduire la « perte des ressources humaines ». Une posture s'impose : la cohérence de la parole et de l'action, ramenée systématiquement au sens de la mission, le respect des décisions prises, le rappel de la fonction professionnelle de chacun justifiant la place dans le collectif. C'est aussi du temps consacré à la définition des règles de fonctionnement, à la clarification des missions, des rôles et des responsabilités. Enfin, c'est mobiliser en proposant un projet collectif « qui donne envie » autour de la mission de l'institution.

Penser ensemble les collectifs

Aujourd'hui, au foyer départemental de l'enfance IDEA des Pyrénées-Orientales, la possibilité d'action est réelle. Dans cette structure de taille moyenne (300 agents, 250 jeunes accueillis en moyenne, 500 sur l'année), nous disposons de moyens, du fait de la proximité du financeur (conseil départemental) et de la difficulté reconnue de la mission. Nous avons aussi une liberté d'action pour prendre les décisions favorisant la mobilisation du collectif et des professionnels.

Un foyer de l'enfance, c'est un lieu où les professionnels qui y restent l'ont en général choisi. Le rappel de leur mission est alors un puissant levier de mobilisation. Ils disent souvent : « On apprend beaucoup au contact des jeunes », « Cela m'a beaucoup enrichi de travailler en foyer, professionnellement mais aussi personnellement ». Mais accueillir et côtoyer quotidiennement ces enfants atteints dans l'amour qu'ils peuvent avoir d'eux-mêmes peut les renvoyer à leurs propres fragilités. Leurs parcours peuvent mêler une sur-implication, une tendance à aller jusqu'au bout pour ne pas lâcher les enfants, une frustration et un épuisement devant une tâche trop lourde. Le directeur constate alors souvent des *burn-out* tardifs et pourtant très avancés.

Il apparaît évident que ces deux collectifs, professionnels et usagers, doivent être pensés ensemble. Le lien relationnel très fort entre eux, se transmettant des expériences et du savoir, et leur concordance émotionnelle, produit souvent une augmentation des situations de violence, ou une mise en œuvre de nouveaux projets. Ainsi, une réflexion sur une amélioration de l'organisation aura pour l'objectif de penser ensemble le collectif des jeunes et celui des professionnels, avec un souci d'équité et de reconnaissance de la place et du rôle de chacun.

Dans ce processus, la direction, qui représente l'institution, ne doit pas considérer qu'elle fait partie de ces deux collectifs. C'est une nécessité pour permettre la mise à distance des émotions et des tensions quotidiennes qui, souvent, empêchent de penser et de construire au-delà de l'instant. Participer à une réunion de débriefing à la suite d'une situation de crise montre combien il faut « écouter et entendre ». Dans ces moments de grande tension, et pour garder leur équilibre, les professionnels doivent sentir qu'ils ne sont pas seuls, font partie d'un ensemble structuré sur lequel ils peuvent s'appuyer pour continuer leur action, qui a du sens.

C'est pour ce « prendre soin » que l'expérience « ressources humaines » est importante grâce à la connaissance d'un collectif au travail, des jeux de rôles et de pouvoirs, des équilibres entre parcours professionnels et équité sociale, gestion des mouvements d'équipes, maîtrise des leviers de la gestion du temps, accompagnement des agents en difficultés. Elle peut favoriser très positivement « le bien travailler ensemble » et le développement des compétences de chacun, indispensables à l'adaptation des besoins des usagers.

Fierté des professionnels

La hiérarchie doit reconnaître les professionnels dans leur fonction. Faute de cette reconnaissance, ils risquent de quitter le navire ou d'aller la chercher auprès des collègues, se mettant à l'écart de l'institution et se repliant sur eux. Ils échappent alors au collectif et développent leurs propres règles, avec des conséquences négatives comme la victimisation, l'entre-soi, les fonctionnements hors cadre, et parfois des dérapages graves.

Lorsque le choix a été clairement posé de favoriser la fierté des professionnels envers eux-mêmes et envers leur action, un parallèle peut être fait avec les devoirs qu'ils ont envers les jeunes. Ce que l'institution leur reconnaît, pourquoi ne seraient-ils pas en capacité de le reconnaître aux usagers qu'ils accompagnent ? La loi de 2002 sur les droits des usagers confirme ces principes et les travailleurs sociaux y adhèrent pleinement, même s'il n'est pas si facile de les mettre en pratique au quotidien.

La traduction concrète de cette posture, qui reconnaît chacun, passe donc par plusieurs axes. L'organisation doit d'abord reconnaître les espaces d'expression des professionnels (réunions de service, instances du comité technique d'établissement ou CTE, CHSCT, commission de surveillance, groupes de travail sur des projets institutionnels) et ceux des usagers (les groupes de parole, le CVS et la participation à la commission de surveillance).

Elle doit favoriser les parcours individualisés des professionnels *via* la formation et l'accompagnement de leurs projets, et ceux des usagers en personnalisant les prises en charge et les projets de vie.

Elle doit aussi prendre soin de chacun : des professionnels, dans le cadre de l'amélioration des conditions de travail, de la prévention des risques psychosociaux et de la formation de l'encadrement au management bienveillant ; et des jeunes, par la prise en compte de la souffrance psychique, des actions sur l'estime de soi, l'éducation à la santé.

Enfin, elle doit sanctionner le non-respect des règles, par l'application du règlement intérieur pour les professionnels et par un règlement de fonctionnement précisant les modalités de réparation en cas de non-respect pour les usagers.

Cet ensemble de principes, de modalités de fonctionnement, d'actions constitue une forme de pratique du « bien vivre ensemble » qui permet à celui qui s'y inscrit de trouver du bon pour lui-même au sein de l'institution et de considérer que ce bien produira des effets positifs sur les autres et sur le collectif.

Une organisation revisitée

« Qu'est-ce que l'on propose aux personnes en termes d'accueil, d'accompagnement et de soins, que l'on accepterait pour soi-même en pareilles situations ? »

LE RÔLE DES REPRÉSENTANTS DU PERSONNEL

Marie-Laure De Guardia parle de la complexité du lien relationnel. Vous insistez sur la nécessité de réorganiser les réunions, avec certaines règles basiques, pourtant si peu appliquées…

Les professionnels gagneraient un temps précieux en ne répondant pas au téléphone pendant les temps de réunion, en n'allant pas faire et refaire des photocopies pendant que tout le monde discute, en reportant certaines discussions moins utiles à d'autres moments. Dans tout type d'organisation, ils ont tendance à s'éparpiller parce qu'ils sont trop sollicités, trop dans l'immédiateté sans savoir différer. C'est un héritage assez fort du secteur social et médico-social. Lors d'une formation dans un établissement avec beaucoup d'infirmières, les téléphones n'arrêtaient pas de sonner pour tout et n'importe quoi : c'est typique d'un management hyperhiérarchisé, avec un glissement des fonctions et des professionnels qui se détournent des tâches pour lesquelles ils devraient consacrer l'essentiel de leur temps, en restant sur le « qui-vive » pour tout et n'importe quoi. Les usagers peuvent aussi en pâtir quand des moments particuliers d'accompagnement sont sans cesse interrompus.

Comme le disait Françoise Dolto, je pense que le « non » structure, que le fait de dire à quelqu'un qu'on s'occupera de sa demande le jour prévu est beaucoup plus sécurisant, et que cela renforce la légitimité de ceux qui ont des responsabilités. Celui qui est reconnu n'est pas celui qui dit « oui » tout le temps, mais bien celui qui saura se détacher suffisamment pour être vraiment disponible afin de traiter les situations qui se présenteront. Les portables doivent être exclus des réunions, au risque de rendre celles-ci totalement contre-productives.

La communication, à tous les étages, doit être une priorité ?

Une priorité absolue ! Les difficultés de communication constituent aussi l'un des principaux fléaux des organisations. C'est quand il y a une prévalence de l'informel sur le formel, comme nous l'avons évoqué au début de notre entretien, des expressions non maîtrisées entre deux portes, ou des gens qui croient que toutes les personnes peuvent entendre la même information. C'est quand on s'empare d'un tout petit bout de l'info pour le véhiculer de gauche à droite, ce qui peut vite déboucher sur de la désinformation.

Cela ne veut pas dire qu'il faut éradiquer l'informel, bien évidemment. Simplement, chacun doit être conscient que ce que l'on évoque dans un couloir entre deux portes devra de nouveau être verbalisé dans un cadre plus formel. C'est, encore une fois, *autoriser et libérer la parole dans un cadre bien posé et bien porté*, ce qui suppose de bien définir les instances de parole pour telle ou telle thématique, préciser qui va animer et participer, quelle va être la fréquence, et redéfinir tous les dispositifs de communication, de coordination et de concertation. Pour moi, c'est une des clefs de la réussite. C'est ce qui va permettre de sortir des positions rigides, réactives, agressives, parce que l'organisation ne se donne pas suffisamment le temps de la réflexion, mais aussi pour mettre à plat certains problèmes.

Sans tomber dans la réunionite, les temps formels restent indispensables pour que les professionnels puissent se coordonner, se concerter et lever les éventuels désaccords. J'ai entendu récemment que l'on disait en interne que tel éducateur sportif allait faire du ski avec les jeunes de l'établissement parce que ça le détendait et que cela lui permettait ensuite de ramener le reste de la nourriture chez lui... J'en ai entendu des vertes et des pas mûres !

Alors, je rappelle toujours aux professionnels qu'ils doivent acquérir des réflexes pour différer les paroles et les actes à bon escient, ne pas répondre spontanément mais ne pas laisser « pourrir » non plus des commérages qui nuisent à la qualité de l'ambiance de travail.

Ensuite, il faut un certain nombre de critères pour bien communiquer : d'abord que l'orateur soit à l'aise avec ce qu'il a à transmettre, et que l'auditoire soit en position de pouvoir entendre et réagir. Cela a l'air basique, mais ne l'est pas tant que ça en réalité ! Il faut aussi bien calibrer le temps consacré aux sujets que l'on souhaite aborder, ainsi qu'aux prises de parole.

Je propose également l'écriture de fiches de résolutions, rédigées à la fin de la réunion, qui permettent de transmettre le contenu des discussions à ceux qui ont été absents, tout en évitant d'attendre un compte rendu puisque les actions décidées prennent effet avant sa diffusion.

Cela fait aussi partie du rôle des instances représentatives du personnel ?

Oui, leur rôle est très important en ce sens et de manière plus globale, si les conditions de l'exercice de leurs fonctions sont bien posées. Car la vision du patron « forcément con » et des IRP « emmerdeurs » a la vie dure...

Quand on est dans des logiques d'écoute, en recueillant la parole des professionnels et en étant l'interface du directeur, quand on se dit qu'on a intérêt à poser les constats pour que tout puisse être traité, cela peut bien fonctionner. Là encore, cela suppose que les places soient bien habitées, parce que ce n'est pas un rôle simple. Dans les établissements qui sont dans une démarche co-constructive de respect, de rapports de confiance, sans confusion des places, avec un conseil d'administration qui administre, une direction générale qui assure la dirigeance, en bonne intelligence, cela a toutes les chances de bien fonctionner. On a tout intérêt à avoir de bons rapports avec les délégués du personnel, d'être dans la transparence, d'oser poser les choses qui doivent l'être.

Être délégué du personnel nécessite une certaine diplomatie. Ce n'est donc pas donné à tout le monde…

Le délégué du personnel doit avoir une personnalité assez solide pour être dans la nuance, et des compétences pour apprécier le bien-fondé d'une demande et sa pertinence, car parfois elles sont complètement alambiquées. Ceux qui sont uniquement les porte-parole de la plainte n'apportent rien du tout.

Il y a aussi des établissements où les IRP ont clairement le pouvoir, notamment en raison des lois Auroux de 1982 qui ont mis en place les réunions de droit d'expression des salariés. Dans un secteur où on devrait pouvoir parler simplement, c'est un signe des symptômes : parfois, ces réunions sont très attendues pour lâcher des missiles, faute d'espaces de paroles ou parce que les gens n'osent pas s'exprimer par ailleurs. Mais certains remplissent très bien leur rôle, comme en témoigne ici Laure Bénitah, éducatrice spécialisée et déléguée du personnel.

Le dialogue social : travailler ensemble au service de l'humain

par Laure Bénitah

L'association Réseau Oté ! Ville hôpital 974 a été créée à La Réunion il y a 20 ans sur la base d'une initiative amicale et militante visant à faire émerger sur le département une approche différente, adaptée au contexte local, des problématiques addictives de la population réunionnaise. Elle est fondée sur une philosophie, une éthique et des valeurs humanistes portées par l'ensemble de ses acteurs, depuis les administrateurs jusqu'aux professionnels œuvrant sur le terrain. Longtemps restée l'affaire de quelques-uns, elle s'est développée dans une atmosphère conviviale, voire (oserai-je dire) familiale, jusqu'à atteindre à ce jour 33 personnes, administrateurs inclus, réparties entre deux établissements médico-sociaux (un CAARUD et un centre de soin, d'accompagnement et de prévention en addictologie ou CSAPA), un service de prévention-formation-documentation et un conseil d'administration.

Le défi relevé par l'association consiste à conserver des relations et une communication direction-salariés dépourvues du rapport de force courant dans d'autres organisations. Tout l'enjeu est d'entretenir la fluidité de communication, l'accessibilité des acteurs, la proximité de la hiérarchie et leur qualité d'écoute, en parallèle de l'évolution des établissements et d'un accroissement de personnel important. L'objectif est d'assurer une qualité de vie au travail, avec, comme principal corollaire, la qualité des prestations proposées aux usagers. Une démarche de plan pluriannuel de progrès a donc été initiée en 2013 avec l'aide du cabinet EFFICIO.

La fonction de déléguée du personnel

Élue depuis un an comme déléguée du personnel au sein du Réseau Oté !, je participe, dans la lignée de mes prédécesseurs, à travailler en ce sens, en tentant de me situer à la croisée des chemins empruntés par les instances institutionnelle et opérationnelle pour œuvrer, en partenariat avec mon directeur, à la fluidité de la communication entre administrateurs et salariés. Je suis également force de proposition afin de diversifier les moyens et concevoir des outils permettant d'y accéder.

Appartenant au corpus salarial de l'association, il s'agit pour moi de prendre du recul, me déprendre de mes préoccupations afin de mieux cerner les enjeux collectifs. Mon but : être la moins subjective possible pour laisser la place au salarié que j'écoute, afin qu'il puisse s'exprimer librement, et pouvoir le représenter au mieux. Tout en ménageant ma mission première d'éducatrice spécialisée, intervenante de rue en addictologie, je m'efforce d'être accessible à tous et disponible pour chacun selon les attentes et besoins. Je travaille à la proximité et au lien de confiance afin de porter de la manière la plus juste les revendications de mes collègues. Je me propose aussi d'être leur interlocutrice privilégiée dans la régulation des relations de travail, de leur apporter un éclairage, des conseils. Je prends également le temps nécessaire pour les accompagner dans leur projet de formation professionnelle et en assure le suivi rapproché s'ils en formulent la demande, pour en optimiser l'accès.

Faciliter le dialogue social

À mon sens, un délégué du personnel qui travaille au mieux-être dans son organisation doit aussi comprendre et maîtriser les enjeux de la politique associative de son institution, exprimée par les administrateurs, afin que le dialogue social puisse opérer. Je peux ainsi expliciter aux salariés les décisions d'un conseil d'administration avec un éclairage suffisant sur les applications opérationnelles que cela peut engendrer. Il m'est également plus aisé de mettre en adéquation une revendication salariale avec ses possibilités de mise en œuvre si j'ai accès aux enjeux des deux parties.

Je tente ainsi d'être à l'écoute de ma hiérarchie quant aux orientations institutionnelles, aux décisions prises qui régissent le fonctionnement des établissements et service, et à ce qui impacte directement ou non les salariés.

Au risque de paraître manier la langue de bois, je pense que chacun au sein du Réseau Oté ! œuvre dans une même visée, au service des personnes pour lesquelles les établissements et service sont missionnés. Cependant, chacun parle et agit depuis sa place, son rôle, ses fonctions et missions. À chaque instance son langage, ses codes, enjeux, et objectifs qui, s'ils ne sont pas explicités ou reformulés auprès des uns et des autres, peuvent être sujets à interprétations, et potentiellement générer confusions, contresens, conflits, parasitant, voire entravant la communication, et le bon fonctionnement de l'organisation. Le principal risque est que les préoccupations fonctionnelles et organisationnelles viennent impacter le bien-être des salariés, et par conséquent la qualité du service auprès des usagers.

Au Réseau Oté !, il n'existe pas d'autre poste d'encadrement que celui assumé par le directeur. Lui et moi représentons les seuls maillons articulant la chaîne de communication entre les instances salariales et décisionnaires. Il apparaît essentiel de travailler de concert à fluidifier ce lien, car depuis l'accroissement récent de notre personnel, ces instances tendent à s'éloigner les unes des autres. Et se dessinent là les limites d'une organisation de type professionnel construite sur un modèle familial : le Réseau Oté ! a pu rencontrer à cette occasion des difficultés à intégrer de nouveaux membres, éprouver certaines résistances aux propositions de changement, dénier l'importance à accorder à certaines problématiques structurelles rencontrées par les équipes.

Développer la communication

Ainsi, pour éviter de noyer les valeurs fortes portées par l'association et diluer l'engagement des salariés dans le fossé qui se creuse, pour conserver la dimension humaine et la proximité entre les acteurs, il s'agit de multiplier et diversifier les formes de communication. Avec l'aide du cabinet EFFICIO, le directeur et moi-même avons réfléchi autour de propositions concrètes pour tendre vers cet objectif :

– la formalisation d'un protocole d'accueil et de tuilage des nouveaux salariés dans leur intégration aux équipes, dans la compréhension de la philosophie associative, l'adhésion à son éthique et l'appropriation de ses valeurs ;

– la réorganisation des réunions d'équipe hebdomadaires, la création d'une réunion mensuelle commune aux deux établissements ;
– la mise en place de groupes d'analyse des pratiques et supervision ;
– la mise en place de coordonnateurs par service, puis le renforcement de leurs fiches de poste initiales, sur la base de délégations fonctionnelles supplémentaires ;
– la formation d'un groupe de travail (directeur, délégué du personnel, plusieurs administrateurs) pour proposer une fiche navette comme support de communication interne, la publication anticipée des ordres du jour des conseils d'administration et d'une fiche de compte rendu à destination des salariés sur ce qui les concerne.

Au service de l'humain

Afin de renforcer la communication, j'ai mis en place une permanence mensuelle pour recueillir la parole des salariés en amont de ma rencontre mensuelle avec le directeur, elle-même positionnée juste avant la réunion du conseil d'administration. Les salariés peuvent également déposer des messages dans une bannette, me joindre par e-mail ou, au besoin, par téléphone pour ceux qui sont hors les murs. Nous avons également proposé, suite à un échange dédié aux IRP avec le cabinet EFFICIO, que le délégué du personnel suppléant devienne délégué du personnel adjoint, et puisse ainsi être un autre interlocuteur privilégié des salariés. Il vient par ailleurs enrichir le travail du délégué du personnel titulaire, et nourrir de son analyse les échanges avec la direction et les administrateurs.

Le Réseau Oté ! est une association qui porte une philosophie humaniste, avec l'ambition de tendre à s'appliquer à elle-même ce qu'elle met en œuvre auprès du public qu'elle accompagne. C'est un effort collectif et collégial quotidien que de travailler à cet objectif tout en intégrant de nouveaux membres, de nouvelles missions au service d'un même dessein. Si l'humain est au centre de notre travail dans l'intervention sociale, il n'en est pas moins une préoccupation majeure dans le management des équipes.

PENSER LE RECRUTEMENT

Entre autres points très pertinents, Laure Bénitah évoque la question de l'accueil des nouveaux salariés. Le recrutement, c'est parfois le quotidien des établissements, notamment dans les EHPAD. Comment doit-il être effectué ?

Il s'agit, selon moi, d'un *casting*, comme pour faire un film. Il faut s'assurer que la personne sera à la hauteur des exigences de sa fonction. Quand j'effectue des diagnostics, j'entends souvent dire : « Ce collègue ne met plus un pied devant l'autre, on ne peut plus rien lui confier, il est *has been.* » Alors je demande si cet avis, qui me semble peu respectueux, est récent : neuf fois sur dix, les gens me disent qu'ils le pensent depuis toujours. Donc, il y a eu erreur de *casting.*

Je trouve qu'il existe une faiblesse absolue dans les recrutements, avec une révolution à opérer. D'abord, la période d'essai n'est que très rarement utilisée pour accompagner, aider, soutenir la personne qui arrive et qui ne peut pas être au courant de tout. Elle doit aussi permettre d'observer si les prérequis sont bien là.

Ce qui se fait encore moins, c'est l'évaluation participative de la période d'essai. Je suis favorable à ce que les professionnels amenés à travailler avec la personne pendant cette période contribuent à assurer cette phase du recrutement. Les gens veulent rarement se mouiller, mais leur responsabilité est pourtant aussi engagée. Certes on peut se tromper, mais à plusieurs il y a tout de même moins de risque.

La personne est souvent recrutée dans l'urgence, son accueil n'est pas suffisamment bien préparé, la mise en place d'un tuteur ou d'un référent ne se fait que très rarement. Il faut aussi pouvoir s'assurer des contradictions éventuelles avec le poste, celles sur lesquelles il sera possible d'agir et les autres. Quand le recrutement n'est pas fait sur les bases requises, cela nuit non seulement aux usagers, mais aussi aux autres professionnels et à la personne concernée, qui pourrait, de surcroît, très bien être reconnue dans un autre secteur d'activité.

Je me souviens d'une personne recrutée dans une MAS comme aide-médico-psychologique, qui ne supportait pas les personnes handicapées qui bavaient à table. Eh bien, ce n'est pas possible ! Ce n'est pas dramatique, cela veut simplement dire qu'elle doit aller travailler ailleurs. Il ne s'agit pas de remettre en cause la valeur des professionnels, mais d'avoir le courage de dire qu'ils ne sont pas toujours au bon endroit. Cela me fait penser à une citation d'Aristote, « Le commencement est beaucoup plus que la moitié de l'objectif », car un accueil effectué sur de bonnes bases a des chances de bien se poursuivre. Ou encore à celle de Quintilien : « Du commencement, on peut augurer la fin ».

Qu'est-ce qui prime : un diplôme du social ou une façon d'être ?

Cela dépend des publics. D'une manière globale, dans les différents secteurs, j'ai toujours pensé qu'avoir des qualifications et des parcours différents était une richesse, car ils permettent une réflexion plus large et des décisions mieux pensées et mieux adaptées. Toutefois, une aide médico-psychologique ne pourra pas travailler dans un centre éducatif fermé. Il peut également arriver que certaines personnes aient un très grand bagage et restent inadaptées au secteur. Des gens peuvent être très qualifiés, mais sans capacité d'analyse efficiente. Quant aux aptitudes relationnelles et à l'empathie, elles ne sont pas proportionnelles aux années d'études mais valent autant que les connaissances, car elles contribuent à affirmer et à parfaire les compétences.

Le secteur reste relativement épargné par la critique sur la féminisation des métiers d'encadrement, qui restent très masculins…

D'une manière globale, cette discrimination entre hommes et femmes est une aberration totale, pour les postes à responsabilité comme pour les postes d'accompagnement au quotidien. Quand j'étais directeur à Montaut, il y avait dans l'encadrement des rugbymen bien balancés et des éducatrices beaucoup plus sveltes : il n'a jamais été démontré que ceux qui avaient des muscles étaient plus persuasifs et porteurs de sens pour les jeunes qui étaient complètement dans l'opposition.

La pédagogie du muscle ne constitue pas une réponse adéquate, de même qu'une présence exclusivement masculine n'est pas non plus une garantie de compétences.

Je crois simplement à la complémentarité entre hommes et femmes et à la mixité des encadrements. Je vois souvent dans des établissements médicalisés pour personnes en situation de handicap un personnel très féminisé et donc un manque d'hommes pour assurer l'accompagnement. Et dans d'autres cas, dans des établissements en protection de l'enfance ou en PJJ, il y a beaucoup d'hommes et ça pêche aussi.

Dans l'encadrement, il existe un paradoxe terrible : alors que beaucoup plus de femmes que d'hommes se forment aux fonctions à responsabilité, sur le terrain ces fonctions sont confiées à une majorité d'hommes. C'est aussi le reflet de la société, ce plafond de verre pour les femmes. Il y a des blocages des organismes gestionnaires, car perdure l'image de la femme qui ne peut s'investir à temps complet sur sa fonction. Les femmes restent figées dans des rôles et des symboles comme celui de la sécurité affective. Exemple : la maîtresse de maison. C'est une fonction essentielle immédiatement féminisée, pourtant il existe des maîtres de maison.

Perdure aussi l'image du directeur qui va gérer en bon père de famille, un vieux cliché illustrant l'héritage patriarcal de la fonction dans le secteur, marqué par des pionniers qui étaient souvent des hommes. Or, sur le terrain, les professionnels ne revendiquent pas la présence d'hommes sur les postes à responsabilité. Ils souhaitent simplement que les cadres soient compétents. Quant à l'autorité, elle peut être assurée aussi bien par un homme que par une femme, mais encore une fois, l'héritage reste un peu lourd et le machisme reste une donnée réelle dans le secteur.

La question de la motivation me semble également importante. Travailler auprès de certains publics, au quotidien, peut s'avérer éprouvant. Comment soutenir les salariés et les gratifier ?

La motivation est essentielle pour rendre un service de qualité. Cela suppose d'abord qu'il y ait du retour, du *feed-back* comme disent les Anglais.

La pédagogie du reproche prévaut encore trop souvent, au détriment de celle de la bienveillance. Il existe un cruel déficit de valorisation des professionnels, dans la société en général et dans le secteur en particulier. À côté des cahiers d'incidents pourraient exister des cahiers de satisfaction. La reconnaissance peut passer par la possibilité offerte à un salarié d'aller s'exprimer dans un colloque, pour conclure une période où la personne s'est investie sur un projet. Cela peut aussi passer par l'affectation à un nouveau poste, ainsi que par la rémunération.

En 1995, quand nous avons mis en place un *pilotage décentralisé et synchronisé* dans l'établissement de Cholet, j'ai créé la fonction de *pilote* (coordonnateur pour les différents secteurs d'activité) pour plus d'efficience mais aussi pour répondre à cette reconnaissance attendue. J'ai ainsi réussi à négocier, avec le soutien du conseil d'administration et l'accord du département, le versement d'une prime pour tous ceux qui exerçaient cette délégation fonctionnelle. Je suis donc favorable à la valorisation du travail accompli, ce qui passe parfois simplement par la verbalisation. C'est d'autant plus important que les marges d'évolution salariale dans l'établissement ou le service sont souvent étroites, voire impossibles, en raison des cadrages des conventions collectives.

Cela passe aussi par la convivialité au sein de l'établissement ?

Oui, c'est important de marquer les événements, à la suite de la réalisation d'un projet, d'une participation à un partenariat innovant, ou encore d'une contribution à la réponse à un appel à projets. Ces moments conviviaux doivent être ouverts aux usagers, aux familles, aux partenaires et à tous les professionnels, même à ceux qui ont pris une part plus modeste afin d'éviter que seuls certains soient privilégiés. C'est aussi le moyen de promouvoir les activités et peut-être de démonter certaines représentations que peuvent avoir ceux qui connaissent moins la structure. Il est sain de garder toutefois un côté exceptionnel plutôt qu'un pot de fin de semaine où les gens rentrent chez eux avec deux grammes dans le sang ! Il faut que cela reste des événements marquants et contenus.

Dans les écoles de travail social, les étudiants sont-ils sensibilisés au fonctionnement interne des associations, à tout ce que nous avons évoqué ?

À mon sens insuffisamment. J'ai fait plusieurs constats au cours de mon parcours. D'abord, les formateurs le sont souvent à vie, en étant un peu déconnectés de la réalité de terrain. Même s'il y a des suivis de stages, il faut se « coltiner » la réalité du terrain pour rester en phase avec elle. Je ferai le parallèle avec certains universitaires qui sont éloquents, très compétents, intellectuellement brillants, mais parfois en dehors des réalités et qui donnent des leçons un peu facilement. Donc, les professionnels et les étudiants sont bien outillés en termes de concepts, mais pas forcément au point par rapport à ce qui se passe sur le terrain.

Je crois beaucoup à l'alternance, qui devrait être une obligation pour les métiers du social, au-delà des stages. Car il faut savoir qui sont nos publics, quels sont nos atouts, quelles sont nos limites. Aujourd'hui, un éducateur spécialisé n'est spécialisé en rien du tout ! Or, aller travailler avec des personnes autistes, ce n'est pas la même chose qu'avec des personnes déficientes intellectuelles, des grands délinquants ou des personnes âgées. Cela suppose des compétences différentes. En 2006, un institut régional de formation m'avait demandé d'intervenir pour faire un topo sur la loi de 2002 auprès d'une promotion d'éducateurs spécialisés. Sur trois ans de formation, ils n'ont donc eu que trois heures de formation sur la loi de 2002, qui était quand même assez centrale pour le secteur !

Autre constat : aujourd'hui, pour beaucoup d'éducateurs, les deux outils de travail sont le Code du travail et l'ordinateur. Je suis évidemment pour le droit syndical, pour qu'il y ait de bonnes représentations, mais il y en a marre des gens qui sont toujours dans la plainte et la revendication.

L'IMPACT SUR LES USAGERS

Nous venons d'évoquer le recrutement et les futurs professionnels. Comment les évolutions qui les concernent touchent les usagers ?

Dans certains établissements, les temps sportifs et les transferts se perdent, les lieux ont l'air parfois abandonnés, sans vie. Il y a une perte de l'intérêt des supports, des activités diverses, de la culture.

Quand j'étais en formation, nous avions des modules de formation en techniques éducatives (stage de voile, de poterie, de photo) et l'accent était mis sur la nécessité d'un travail éducatif, pas uniquement fait de relations verbales mais aussi de supports pour les médiatiser. Aujourd'hui, je constate que les activités se sont raréfiées : c'est l'une des conséquences de la prévalence du normatif sur le qualitatif.

C'est aussi sans doute lié à la pyramide des âges : on court moins vite à 50 ans qu'à 30 ans.

Le problème, c'est que beaucoup d'enfants préfèrent jouer au foot qu'aux petits chevaux ! Cela interroge aussi le management, car il faut intégrer ces réflexions dans le recrutement.

Je trouve un peu déplorable que les formations de cadres réservent une large part à ce qui relève de la gestion financière et budgétaire, et pas suffisamment à mon sens au management, aux ressources humaines et à la communication. D'autant que les statistiques montrent que de plus en plus de personnes dans ces formations ne viennent pas du tout du secteur. Or, les activités sanitaires, sociales et médico-sociales ne se gèrent pas comme un *fast-food*, même si l'on constate que certains ESAT fonctionnent parfois comme des usines, les logiques de production ayant pris le pas sur l'essence même de leur création : la mission médico-sociale.

Finalement, vouloir bien traiter à la fois les usagers et les professionnels, n'est-ce pas un vœu pieu ?

Non, pas du tout. En affirmant que *seuls des professionnels bien traités peuvent être bientraitants*, nous en déduisons assez rapidement que la nécessité de promouvoir la qualité de vie au travail est étroitement liée à l'obligation de parfaire la qualité de l'accompagnement des usagers.

Cette double intention ne peut être prise et se traduire en actes qu'à l'appui d'une volonté des organismes gestionnaires, qui doivent l'inscrire dans leurs orientations stratégiques, et d'une détermination des équipes de direction, qui doivent convertir les options stratégiques en démarches opérationnelles dans leurs ESSMS. Cela nécessite aussi l'association effective des IRP, comme nous l'avons déjà évoqué, dont le CHSCT, pour co-piloter une démarche de promotion de la qualité de vie au travail, tant dans sa conception que dans sa réalisation, sa mise en œuvre, son suivi et son actualisation régulière. Tous les professionnels de l'établissement ou du service doivent y participer concrètement, soit directement, soit grâce à un recueil de données intégrées dans le processus défini par l'organisation (par exemple, les entretiens d'évaluation, les évaluations interne et externe, les bilans de fonctionnement). Une démarche méthodologique, à la fois simple et rigoureuse, permettra de donner sens à cette double intention à l'égard des professionnels et des usagers.

Vous avez justement voulu donner la parole à un « usager », plus de vingt ans après son « placement » en ITEP…

Oui, on ne le fait pas assez. Ayant revu Tony Poirier tout récemment, j'ai trouvé intéressant de prendre en considération son témoignage, car il évoque bien les paradoxes qu'il a pu vivre, mais aussi dépasser, car cela avait du sens pour lui. Mais aussi parce qu'il n'a jamais été dans des oppositions stériles avec les personnes qui l'ont accompagné.

« J'ai été dégoûté d'être séparé de ma famille, mais c'était un bon passage »

par Tony Poirier

J'ai 42 ans. Enfant, on m'a placé pour des problèmes scolaires : je faisais un peu le con… C'était dans les années 1984-1985. Sur le coup j'étais un peu vert, car à 9 ans, être séparé de ses huit frères et sœurs, c'est dur, mais quand j'y repense aujourd'hui…

De 9 ans à 17 ans : groupe 1, groupe 3, groupe 4 et foyer (ITEP) à Saumur. Plein de noms d'éducs en tête : Anne, Loïc, Didier, Anne-Marie, Annick, Stéphane, Pierre-Noël, Laurent, Claire, Gérard, Nicole, Nelly, Sylvie, Gilles… Des camps à Argenton-Château, Sarlat, où je suis retourné avec mes trois enfants. Au début, c'est dur, mais quand on se fait trois ou quatre copains, ça va mieux. J'ai toujours recherché à retrouver des copains. Et j'ai toujours des liens avec ma famille : je leur en ai voulu, mais je les ai remerciés, mes parents…

Il y a eu les tournois de foot, la sculpture que j'ai faite avec l'éducateur technique : j'en fais toujours. À l'époque, il y avait beaucoup d'activités, les éducs n'hésitaient pas à mettre le short et à venir jouer au foot avant le dîner, même après. On était malins, on voyait les éducs et les instits qui fricotaient ensemble. Il y avait des éducs *speed*, pas patients, mais la plupart étaient bien. Deux éducatrices étaient comme des mamans pour nous.

On allait à la cuisine, on donnait un coup de main. C'était bien, mais ça n'est plus possible avec les normes d'aujourd'hui. Ce qui m'a marqué le plus, ce sont les bonnes relations avec certains jeunes. Un a été assassiné, retrouvé dans le lac de Maine à Angers avec quinze coups de couteau. Un autre, très proche de moi, s'est suicidé. Moi, j'ai vraiment eu la chance de m'en sortir…

À 20 ans, je voulais réunir tout le monde, les amis d'avant. J'ai même voulu être éducateur : vu comme on m'a aidé, j'aurais eu envie de rendre la pareille…

Je suis dans la grande distribution depuis plus de dix ans. J'ai connu une bonne progression dans le travail : j'ai formé près de 200 personnes sur la préparation des commandes.

J'ai appris que l'établissement qui m'avait accueilli enfant avait fermé. Ça m'a vraiment affecté. Comme on m'a dit, les jeunes ont pris le pouvoir sur les éducs. J'y étais retourné deux ou trois fois, j'ai parlé avec les petits jeunes, je leur ai montré où était ma chambre. Ça m'a tellement apporté. Aujourd'hui, je roule en cabriolet, je suis bien avec ma deuxième compagne, une copine que j'avais à l'époque. Au foyer, c'était un peu chiant que ce ne soit pas mixte, mais avant 15 ans, ça n'a pas posé problème.

J'ai été dégoûté d'être séparé de ma famille, mais c'était un bon passage. Ça m'a fait bizarre de te retrouver, Jean-Louis, mon ancien directeur-adjoint, et Anne-Marie, mon éducatrice. Il y en a plein d'autres que j'aurai plaisir à revoir.

Ce témoignage montre l'importance de la qualité des rapports entre usagers et accompagnants, le bien-être des uns rejaillissant sur celui des autres…

La prise en compte concomitante du bien-être des usagers et des professionnels ne doit jamais conduire à un éloignement de la raison d'être des ESSMS : le service à rendre aux usagers. Ce terme « usagers » doit d'ailleurs être questionné : certains parlent de « bénéficiaires », voire de clients. Le plus possible, je pense qu'il est préférable de les nommer par ce qu'ils sont d'abord : des enfants ou des adolescents accueillis, des personnes accueillies ou accompagnées, des résidents, des personnes âgées…

Quand j'interviens dans un établissement, je me plais à mettre les participants face à ce raisonnement : qu'est-ce que l'on propose aux personnes en termes d'accueil, d'accompagnement et de soins, que l'on accepterait pour soi-même ou pour ses proches en pareilles situations de fragilité, de vulnérabilité, de précarité, de dépendance ? Loin de certaines énonciations que jargonnent quelques psychologues le plus souvent guidés par leur seule suffisance, je les invite à rester simples.

Tout est dit dans la pyramide de Maslow revisitée par Hersberg, sur les besoins fondamentaux de l'homme. Il y a deux types de besoins à satisfaire pour toute personne accueillie ou accompagnée, comme pour tout être humain : d'abord, les facteurs d'« hygiène » ou de « conditionnement » visant le bien-être par la satisfaction des besoins physiologiques (le gîte et le couvert) et de sécurité ; ensuite, les facteurs « moteurs » ou « valorisants », s'attachant à la satisfaction que procurent l'intégration et la participation à la vie sociale, la reconnaissance et la considération dans la société quelles que soient ses capacités et ses difficultés, la réalisation de soi et l'épanouissement personnel, quelles que soient les restrictions qu'impose la situation de chacun.

On peut aussi retenir les douze articles de la charte des droits et libertés de la personne accueillie[8] qui peuvent être des indicateurs de mesure de la bientraitance des bénéficiaires, avec notamment le principe de non-discrimination, le droit à une prise en charge ou à un accompagnement adaptés, le droit à l'information, et la notion de consentement éclairé.

---

8. Arrêté du 8 septembre 2003 dans le cadre de l'application de la loi n° 2002-2 du 2 janvier 2002.

Un avenir à (re)construire

Un secteur en évolution

*« De nouvelles logiques de parcours
pour les personnes accompagnées et les professionnels. »*

LES PARCOURS COORDONNÉS

Vous êtes un fervent partisan de la mise en place des « coordonnateurs de projets », appelés à se développer, ainsi que des coordonnateurs d'unités. Pourquoi ?

Prenons l'exemple du projet d'accompagnement personnalisé, qui doit être vivant et s'inscrire dans une logique de parcours. La qualité d'un projet, c'est sa mise en œuvre. Il y en a ras le bol des projets en apparence bien ficelés pour être dans les normes, mais en réalité complètement figés. Je préfère celui qui sera moins abouti sur le plan formel mais qui vivra vraiment.

Toutefois, un certain nombre d'étapes sont incontournables : la conception, l'élaboration, la formalisation, la mise en œuvre, le suivi, l'évaluation et l'actualisation. Je pense qu'il doit être piloté par un coordonnateur de projet, un métier devenu aujourd'hui indispensable. C'est lui qui s'assurera de sa mise en œuvre à toutes les étapes avec l'usager, en veillant à ce que les objectifs posés soient effectivement tenus, que les actions prévues soient réalisées, ou le cas échéant en cherchant à comprendre les insuffisances en réunissant à nouveau les personnes concernées.

Le coordonnateur de projet doit être dûment mandaté pour intervenir dans son unité, de manière justement à être le pilote du projet comme le directeur sera le pilote du projet d'établissement. Je vais plus loin, même si je sais que cela va bousculer certains acteurs : il doit être mandaté notamment pour interpeller le médecin psychiatre qui a bac + 10 et qui est très occupé. S'il existe un objectif d'entretien thérapeutique chaque semaine, mais que le psychiatre ne le voit qu'une fois par mois, le coordonnateur de projet doit pouvoir aller lui « remonter les bretelles » : je le répète, pas de noblesse de fonction, on est tous des maillons d'une chaîne engagés dans le cadre d'un projet personnalisé de parcours avec des réponses qui doivent être effectives et efficientes, pertinentes et cohérentes.

Ces coordonnateurs existent-ils sur certains territoires ?

Oui et mon ami Jean-René Loubat a d'ailleurs consacré un livre qui fait référence sur cette thématique (2013). J'ai notamment accompagné dans la Sarthe une association qui a mis en place les métiers de coordonnateurs en créant un service transversal pour plusieurs IME. C'est souvent là qu'il y a le plus de besoins et que les prés carrés sont tenaces, avec parfois des fonctionnements archaïques, comme la prévalence du tout thérapeutique (de la psychanalyse érigée en dogme) sur l'éducatif ou le pédagogique.

Je fais partie de ceux qui pensent qu'on a tout intérêt à s'enrichir de toutes les approches conceptuelles pour prévenir le risque d'enfermement dans une pensée unique. De surcroît, les IME sont trop souvent dans une logique de filière : le jeune accompagné intégrera ensuite un autre établissement, si possible de la même association. Il y a aussi parfois des considérations très suspectes de la place des familles. Dans des établissements et services accueillant des enfants et des adolescents, j'ai entendu des équipes dire : « Pas question qu'on associe la famille au projet personnalisé » !

Je milite donc pour que la fonction de coordonnateur de projet personnalisé soit une fonction à part entière, parce que je pense qu'il faut la bonne distance et la juste proximité pour bien piloter ces projets, contrairement à la fonction antérieure du référent qui était « scotché » à l'usager.

Dans la logique de parcours, le coordonnateur aura un rôle à jouer auprès de ses collègues de différents services dans l'établissement mais aussi auprès des partenaires, y compris des structures de droit commun, des commerces de proximité. Par exemple, pour un adulte avec des troubles psychiques qui aurait du mal à gérer son argent, il pourrait discuter avec le gérant d'un petit commerce.

La création de ces coordinations figure dans le Plan d'action en faveur du travail social et du développement social. Aujourd'hui, certains éducateurs militent contre, craignant un éloignement du terrain. Quel est votre avis ?

Je pense que c'est une bêtise, encore un alibi facile, comme celui de la question des moyens. Ces arguments sont vieux comme le monde. Encore une fois, les crocs sortent avant que le cerveau n'ait fonctionné. Il y a des opposants systématiques à tout, qui ne seront jamais d'accord avec rien.

Rappelons que les éducateurs et moniteurs-éducateurs font le même métier, sauf que l'un est payé 800 euros de moins par mois et que ça ne gêne personne, surtout pas celui qui gagne plus ! De tout temps, certains éducateurs ont voulu être au plus près du terrain et d'autres davantage dans la relation externe, en service de suite ou en assistance éducative en milieu ouvert (AEMO).

Aujourd'hui, j'entends : « On va nous déposséder du terrain. » Mais il ne s'agit surtout pas d'enlever les éducateurs spécialisés du terrain. Et tout reste possible, y compris la fonction de coordonnateur de projet à mi-temps pour rester en phase avec le terrain dans l'accompagnement. Mais je pense que cette fonction nécessite d'être à distance de la réalité du quotidien, donc que le coordonnateur ne peut pas être l'accompagnateur de celui dont il coordonne le projet personnalisé. Cette fonction est aussi ouverte aux animateurs, aux assistants sociaux,

aux conseillers en économie sociale et familiale et aux techniciens de l'intervention sociale et familiale. Ces fonctions de coordination peuvent évidemment s'envisager aussi pour le pilotage d'unités (gestion des plannings, animation de certaines réunions…). Comme cela commence à se mettre en place aujourd'hui… et ainsi que nous l'avions initié à Cholet… en 1995.

Là encore, il est capital de mener une démarche participative tout au long du processus, toujours dans *un esprit de co-construction stratégique* avec les équipes et de dialogue gagnant-gagnant avec les autorités de contrôle et de tarification. Il est logique que, comme tout changement, la mise en place des contractualisations entre financeurs et opérateurs suscite des craintes. Sans (vouloir) comprendre que l'on peut faire du CPOM un outil maîtrisé au service de l'amélioration continue de la qualité dans l'intérêt des bénéficiaires et des professionnels, les positions arc-boutées de certains m'irritent. Les obligations qui en résultent devraient pourtant être naturelles quand il s'agit aussi de maîtriser les dépenses en justifiant l'utilisation des fonds accordés pour l'action sanitaire, sociale et médico-sociale.

C'est tout le sens, parmi d'autres entreprises innovantes, d'« Une réponse accompagnée pour tous » mise en place à la suite du rapport Piveteau (2014), qui a conduit à une expérimentation sous l'égide du ministère des affaires sociales et de la santé ainsi que de la Caisse nationale de solidarité pour l'autonomie (CNSA). Dans un premier temps, vingt-trois territoires pionniers ont été mis en place pour développer une dynamique partenariale sur un territoire. Cette action, promue par Marie-Sophie Desaulle[9], était portée par l'ARS et, surtout, par la MDPH.

Je peux notamment évoquer l'expérience vécue dans les Alpes-de-Haute-Provence, département retenu pour cette préparation, qui m'a sollicité pour animer une formation afin de mettre en synergie les acteurs institutionnels et associatifs devant s'engager dans ce processus. On a bien vu qu'il n'y avait que du possible, même si au départ cela n'allait pas forcément de soi, avec des acteurs aussi différents devant s'impliquer sur une même finalité. Il y avait en effet, outre les représentants de la MDPH et de l'ARS, des directeurs généraux d'associations, des directeurs d'établissements médico-sociaux du public et du privé, des médecins généralistes et de la pédo-psychiatrie, des personnes de la prévention spécialisée, de l'ASE, de Pôle Emploi, des missions locales, etc.

Là encore j'ai beaucoup appris en appréciant particulièrement l'admirable pilotage assuré par Mélanie Brovelli, directrice de la MDPH 04, qui, dans le témoignage présenté ci-après, souligne les intérêts manifestes d'une réflexion collective entre des acteurs ayant des métiers, des pratiques et des cultures qui ne se rencontrent pas toujours naturellement.

---

9. Marie-Sophie Desaulle avait été missionnée par Marisol Touraine, ministre des affaires sociales et de la santé, et Ségolène Neuville, secrétaire d'État en charge des personnes handicapées, pour la mise en œuvre progressive de ce rapport.

« Une réponse accompagnée pour tous » : plus qu'un projet, un état d'esprit

par Mélanie Brovelli

En parcourant les rayonnages de la médiathèque de Digne-les-Bains à la recherche de nourritures intellectuelles, mes yeux se sont attardés sur le titre d'un exemplaire de la revue *Philosophie magazine* de septembre 2015 : « Pense-t-on mieux seul ou à plusieurs ? »

Je l'empruntais en pensant qu'elle serait un bon terreau pour faire germer cette contribution. Ce fut un calcul juste, car elle avait su mettre en musique les notes de la partition philosophique du projet « Une réponse accompagnée pour tous » dans les Alpes-de-Haute-Provence. Ce département, l'un des plus petits de France en nombre d'habitants (160 000), mais l'un des plus vastes en superficie, flirte d'un côté avec l'Italie et jouxte de l'autre les plaines méditerranéennes. Grands espaces de montagnes vierges, vallées alpines, larges rivières sèches, ciel immaculé : une telle beauté de paysages ne peut qu'engendrer une forte posture identitaire. La faible densité du territoire pourrait aussi conduire à la discrétion, voire au repli sur soi. Pourtant, les acteurs locaux se sont toujours distingués par leur capacité à s'inscrire dans la modernité.

Cela concerne particulièrement l'action sociale, marquée par des réponses de proximité grâce à des services territorialisés, à l'inverse des effets actuels de la dématérialisation des services publics. Le conseil départemental maintient sept services territoriaux d'action sociale, la délégation territoriale de l'ARS s'efforce de défendre ses « 3 % de population régionale » auprès des autorités, et les associations représentants les usagers sont très actives.

Intelligence collective

Dans ce contexte atypique de « lilliputien super actif et militant », le conseil d'administration de la MDPH a souhaité naturellement se porter candidat au projet national « Une réponse accompagnée pour tous » en juin 2015. Au-delà de la thématique de ce dispositif (mieux accompagner les personnes handicapées sans solution), la démarche intellectuelle qui le sous-tend et ses objectifs ministériels s'inscrivent pleinement dans le mouvement de pensée de l'intelligence collective ou de la co-construction, au service d'un meilleur service rendu de l'humain vers l'humain.

Ce projet national a pris sa source dans la condamnation par le juge administratif de la puissance publique (l'ARS) pour défaut de place en établissement pour adultes handicapés : la personne en attente bénéficiait pourtant d'un droit ouvert pour une place en MAS. S'en est suivie une réflexion nationale autour de la problématique réelle, mais parfois occultée, des personnes handicapées en attente de places en établissements.

La nouveauté fut de l'aborder non pas sous l'angle administratif et comptable de la création de places, mais dans une logique systémique d'analyse des besoins réels et d'intervention collective par anticipation. La précocité d'action doit permettre d'éviter que des « situations problèmes » deviennent des « situations critiques ». Denis Piveteau, rédacteur du rapport *Zéro sans solution* (2014) posant les bases du projet indique bien qu'il convient d'intervenir en amont et collectivement afin de les éviter.

Bien souvent, on renvoie la responsabilité de l'absence de place à la personne elle-même (ne parle-t-on pas de « jeunes incasables » ?). Geneviève Avenard, défenseure des enfants, a très justement soulevé cet écueil dans son rapport *Handicap et protection de l'enfance : des droits pour des enfants invisibles* (Avenard, Toubon, 2015).

Directrice de la MDPH du département précité, j'ai eu en charge la préparation du document de candidature en tant que site pionnier auprès de Marie-Sophie Desaulle, chargée de mission nationale. Le lancement de la démarche fut officialisé en novembre 2015.

Sa particularité : aucun canevas rigide et pré-décidé à Paris. Au contraire, le ministère de l'époque attendait beaucoup des énergies locales afin de nourrir les quatre axes stratégiques retenus, à savoir :
– un dispositif d'orientation permanent, ou comment ne pas « laisser » les usagers seuls face à l'angoisse d'une notification IME ou FAM ;
– une réponse territorialisée, quitte s'il le faut à tordre légèrement les cadres institutionnels habituels que sont les agréments, les effectifs autorisés, les catégories de publics... ;

– un accompagnement par les pairs : les institutions doivent travailler de concert avec les choix et l'expertise des personnes et de leurs familles, et non décider pour elles ;
– un accompagnement au changement des pratiques professionnelles, car cette démarche va nécessairement se heurter aux certitudes de chaque organisme et à la résistance anthropologique de l'homme à tout changement.

Nouvel état d'esprit

Ces premières étapes ont montré la réelle pertinence d'une gouvernance forte, basée sur un triptyque direction (portage technique), comité de suivi et comité de pilotage, ainsi que d'un fonctionnement en mode projet. Car c'est au seul prix d'une analyse juste, objective et sans faux-semblants des besoins d'un territoire, qu'un projet complexe peut émerger, fédérer les acteurs et durer au-delà des hommes.

L'importance du dernier axe (accompagnement au changement des pratiques professionnelles) m'a tout de suite frappée, car il ne s'agit pas de créer des places mais de répondre autrement. Ce projet n'est pas un énième dispositif venant se sédimenter aux couches législatives existantes ; son ADN est un nouvel état d'esprit : face à des situations critiques de handicap, il est désormais interdit de répondre par la négative et obligatoire d'envisager un possible, même si ce possible nécessite de « faire des choses que personne n'a jamais faites ».

Ce paradigme est en opposition totale avec les champs de la certitude dans lesquelles les règles administratives françaises ont été édifiées depuis la Révolution, et se heurte à la culture en silos de nos organisations.

À ce stade, le troisième invariant de la réussite d'un tel projet est l'impérieuse nécessité d'évoluer dans nos pratiques managériales afin de sortir des logiques personnelles, des déplacements psychanalytiques rattachés aux postures de cadres (qui empêchent la délégation de confiance et la loyauté envers sa hiérarchie), et des primautés de fonction. À cet égard, « Une réponse accompagnée pour tous » rebat la carte sémantique de la légitimité, en accordant plus de crédit aux besoins qu'aux fonctions, tant du point de vue des institutions que du travail partenarial. Il n'y a plus ni de « noblesse d'établissement », ni d'intérêt à « l'établissement unique » (« Les autres hors de ma vue ! »). Et la clé de voûte des accompagnements s'incarne dans un « coordonnateur de parcours », légitime pour veiller au respect des engagements pris par chacun des acteurs et consignés dans un plan d'accompagnement global, un document opposable.

De l'utilité de la systémie

Comme nous l'enseigne Claude Lévi-Strauss, « le barbare, c'est l'homme qui croit à la barbarie » (1967). Le fait de ne pas accéder aux problématiques et aux contraintes de l'autre m'empêche de le comprendre et par là même de travailler avec lui. Nous avons donc rapidement construit trois actions phares et ambitieuses : un colloque à destination des professionnels de terrain, une formation action inter-institutionnelle pour des acteurs du médico-social, du sanitaire, de l'administration, ainsi qu'un cycle annuel d'analyse de la pratique professionnelle inter-institutionnel.

Car la seule façon de gagner cette bataille était, selon moi, d'accompagner les acteurs par des « professionnels de la systémie » (consultant formateur, psychanalyste) pour tuer dans l'œuf les raisons des ruptures de parcours (absence de dialogue, de remise en question, de ré-interrogation permanente, de doutes).

À ce stade, le projet est en marche. Une dizaine de « groupes opérationnels de synthèse » en charge de l'étude collective de situations critiques ont été réunis, aboutissant pour plusieurs d'entre eux à des alternatives innovantes. Plusieurs exemples : l'accompagnement par un SAMSAH d'une jeune de l'ASE âgée de 17 ans avec pour seul domicile l'hôpital psychiatrique adulte, l'accompagnement séquencé d'une jeune fille de 18 ans entre un foyer de vie, un hôpital psychiatrique, un ESAT, etc.

Certes, il demeure des inconnues, voire des phases de doute, mais la meilleure connaissance mutuelle engendrée par le projet et la formation inter-institutionnelle aura à mon avis un impact réel et sérieux sur la mobilisation collective des acteurs et la qualité des réponses données aux plus vulnérables. Les schémas programmatoires de l'État et du département devront aussi intégrer les besoins réels, constater l'insuffisance des moyens pédopsychiatriques, ou encore l'absence de réponse médico-sociale en week-end.

Confortablement installée dans mon salon, j'ouvre finalement le numéro de *Philosophie magazine* afin de savoir si l'on « pense mieux seul ou à plusieurs » (j'ai déjà ma petite idée).

Il paraît que les neurosciences arrivent désormais à montrer que le groupe est plus intelligent que l'individu. C'est ce qu'avance Stanislas Dehaene dans son ouvrage le *Code de la conscience* (2014) : « En nous laissant partager avec d'autres nos doutes et nos certitudes, la conscience réflexive, elle qui évalue en permanence nos propres jugements, nous permet de prendre, collectivement, de meilleures décisions. »

Isaac Asimov, auteur de science-fiction, avait en son temps analysé le concept du groupe, dans un article de 1959, publié en 2014 : « Comment les gens ont-ils de nouvelles idées ? » Avec une justesse mathématique, l'auteur a décrit une méthodologie de l'intelligence collective basée notamment sur le fait de ne pas se laisser impressionner par les autres, d'oser dire toutes ses idées (une bonne idée arrive souvent derrière plusieurs mauvaises), de s'autoriser à des spéculations bizarres, et ce, dans le but d'articuler harmonieusement la pluralité. Pour le coup, Monsieur Asimov, vos idées n'étaient pas si futuristes que cela !

Voilà un témoignage enjoué sur un pilotage qui semble bien fonctionner. Faut-il toutefois se garder d'un excès d'optimisme ?

Le remarquable pilotage assuré dans ce département sous l'égide de la CNSA démontre l'importance d'une démarche bien portée dans un cadre bien posé. Mais les réticences peuvent être tenaces. Ainsi, j'accompagne cette démarche dans les Côtes-d'Armor : les professionnels, les directeurs, les familles sont prêts à s'inscrire dans cette logique de mutualisation des moyens et des expertises, qui permet d'accompagner les parcours au sein de plusieurs structures gérées par des organismes gestionnaires différents. Mais au plus haut niveau, certains conseils d'administration, certains présidents craignent de perdre de leur périmètre, donc les projets capotent.

« Une réponse accompagnée pour tous » s'inscrit également dans une nouvelle logique de tarification, appelée SERAFIN[10]. Dans l'association des Côtes-d'Armor, j'ai senti les grandes réticences de certains salariés qui n'y voyaient que des intentions de restriction budgétaire. Encore une fois, je leur ai répondu que nous n'avions, les uns et les autres, qu'une question à nous poser : « Est-ce que nous accepterions en pareilles situations, pour nous-mêmes ou pour nos proches, toutes les conditions d'accueil et d'accompagnement qui sont proposées ? » Il y a eu quelques silences, certains ont exprimé leur satisfaction d'avoir été bien informés sur ces nouvelles logiques de parcours, qui, de fait, relèvent du bon sens ; d'autres ont évoqué les redondances avec ce qu'ils connaissent déjà par cœur.

---

10. Le projet « Services et établissements : réforme pour une adéquation des financements aux parcours des personnes handicapées » (SERAFIN-PH) a pour ambition de favoriser l'évolution des réponses avec davantage de souplesse dans le temps pour les personnes concernées, dans une logique de parcours, en garantissant une réponse accompagnée pour tous tout en veillant à l'adéquation de la tarification.

SAISIR L'OPPORTUNITÉ DES CONTRATS PLURIANNUELS D'OBJECTIFS ET DE MOYENS (CPOM)

Vous êtes favorable au développement des CPOM ?

J'étais réticent au départ, mais je trouve que c'est plutôt intéressant.

Je fais partie des anciens directeurs qui devaient batailler pour avoir des moyens, donc j'ai eu peur, comme d'autres, que les CPOM ne répondent qu'à une logique de restriction.

Mais je me suis rendu compte qu'en étant bien travaillés par toutes les parties, ils permettent d'offrir une souplesse.

Plus qu'une procédure budgétaire, c'est une évolution profonde des relations entre les pouvoirs publics, les institutions et les établissements, qui vise une transparence des transformations budgétaires et une logique de performance de la gestion publique.

Ils permettent notamment une meilleure connaissance des points forts et des points d'amélioration des établissements et services, une meilleure anticipation pour la gouvernance, une opportunité de renforcer ou d'améliorer le dialogue avec les autorités de contrôle et de tarification, une sécurisation des financements et un effet positif sur la trésorerie, ainsi qu'une opportunité de remise à niveau pour les établissements en difficulté.

Le CPOM permet-il toutefois vraiment de rester au plus près des besoins, de promouvoir la réactivité du monde associatif?

Oui, notamment grâce au comité de pilotage, et j'ai pu le vérifier car nous avons accompagné des élaborations de CPOM. Cela suscite des craintes et des interrogations, c'est normal, et cela cristallise même les tensions dans les établissements entre, d'un côté, les exigences normatives de plus en plus affirmées et, de l'autre, des moyens de plus en plus contraints. D'autant que les approches co-constructives, par définition participatives et pro-actives, ne vont pas toujours de soi.

Ainsi, dans cette logique d'allier les moyens aux objectifs, la mise en place d'une plateforme de services (PFS) au sein de l'association costarmoricaine s'est réalisée dans une précipitation étonnante.

Dans ce cadre, un IME a donné une petite enveloppe pour la création de trois postes pour la PFS. C'est logique et intelligent de mutualiser les moyens, car certains en ont de gros et d'autres pas assez, et c'est très efficient quand il existe une vraie concertation.

Sauf que là, dans une volonté associative d'innover et d'aller vite, beaucoup de préliminaires ont été éludés, au risque de faire capoter le projet de création de la plateforme, tout en émoussant sérieusement les velléités d'implication des professionnels déjà engagés (sans trop comprendre) dans la démarche. Après six journées d'intervention pour le réajustement ou plutôt un retour vital à la case départ, ils m'ont exprimé leur satisfaction. Ils avaient compris le sens de la personnalisation des réponses aux usagers dans une logique de parcours, ainsi que la nécessité de bien poser les bases de ce projet de plateforme, l'intérêt évident de penser aux préalables, ainsi que l'impératif de communication et de concertation avec tous les acteurs « impactés » par ce nouveau dispositif. Ils ont aussi compris l'évidence de vouloir développer des prestations spécifiques et complémentaires, en interne et avec les partenaires, et de mieux démontrer la bonne utilisation des moyens accordés ici et là.

Tout cela peut permettre de faire du CPOM un outil maîtrisé au service de l'élaboration continue de la qualité, dans l'intérêt des usagers et des professionnels, avec des perspectives d'évolution de carrière. Nous sommes bien dans des logiques de parcours aussi au niveau des professionnels, car le métier évolue, ce n'est plus le même qu'il y a quarante ans.

Il n'en reste pas moins troublant de voir certaines autorités de contrôle et de tarification ne plus faire de leurs priorités la mission sociale qui leur incombe, en développant et soutenant les actions dont elles sont à la fois responsables et pilotes. À titre d'illustration, je veux revenir sur la démarche honteuse du conseil départemental du Maine-et-Loire qui gère les « places » des enfants confiés au titre de la protection de l'enfance uniquement comme des « prix de journées ». Ces prix sont accordés ici et là, au gré des lobbies qui prévalent et/ou pour satisfaire les organismes gestionnaires, représentés ou non « sur le terrain », qui savent les caresser dans le bon sens du poil. Lorsqu'ils réduisent arbitrairement les capacités d'accueil ou qu'ils redéploient « des lits » d'un bout à l'autre du département, on voit bien que l'intérêt des enfants et de leurs familles est à mille lieues de leurs préoccupations. C'est aussi mépriser les professionnels concernés qui doivent subir indûment les licenciements qui en résultent, à l'initiative de pourfendeurs qui ont auparavant salué leur excellent travail pour, aujourd'hui, les humilier sans vergogne.

Dans le cadre précis de cette situation dramatique en Maine-et-Loire, l'Union régionale interfédérale d'organismes privés du secteur sanitaire et social (URIOPSS) des Pays de la Loire s'est étonnée[11] que le département se soit fourvoyé dans une démarche opaque d'appels à projets après avoir refusé à plusieurs reprises les conseils qu'elle donnait dans le sens d'une mise en place de CPOM. Cela aurait favorisé, de fait, le dialogue escompté en évitant de mettre enfants, familles, professionnels et organismes gestionnaires devant le fait accompli, le fait du prince ! Il n'est pas étonnant que cette absence de concertation avec les acteurs de terrain ait abouti à une immense mobilisation, rare dans le secteur, des professionnels angevins. Cette manifestation s'est conclue par une marche d'Angers à Paris où les

11. Voir le *Courrier de l'Ouest* du 13 juin 2017.

représentants du collectif sont intervenus lors des Assises nationales de la protection de l'enfance, singulièrement dénommées « L'heure de vérité ».

LE LIEN AVEC LES PARTENAIRES

La crainte de ne pas être suffisamment écouté par les partenaires, autorités de contrôle et de tarification, reste toutefois réelle…

On peut davantage être écouté sur des évolutions souhaitables quand les éléments sont posés de façon sereine. Quand des projets nécessitent de trouver des moyens, leur élaboration doit être effectuée selon quatre postulats : poser des références partagées en interne, être un outil de communication pour l'externe, être une réponse aux obligations réglementaires et pouvoir développer un argumentaire sur les écarts entre réalité et obligations.

Avec un argumentaire constructif et non revendicatif, il s'agit de mettre les pouvoirs publics, les autorités de contrôle et de tarification face à leurs possibles ou éventuelles injonctions paradoxales.

Car ils ne peuvent pas à la fois réclamer le respect des droits fondamentaux, le « zéro sans solution » et dire « Débrouillez-vous avec les moyens que vous avez », *a fortiori* s'ils sont déjà insuffisants. Il faut accompagner les établissements dans cette logique. À une époque, on gonflait les budgets pour être sûrs d'avoir un minimum. Aujourd'hui, je pense qu'on doit être vraiment transparents : « Nous sommes dans cette situation-là, nous faisons plutôt bien ça, un peu moins bien ça, ce qui pourrait justifier qu'on ait un peu plus de moyens pour ça », tout en admettant d'en avoir moins, voire plus du tout, pour des prestations dont l'utilité ne se justifie pas.

D'autant qu'il y a de la concurrence : ce n'est pas le pays des Bisounours !

Il faut arriver à développer des projets communs. Mais je reviens à ce qui me paraît capital : « *small is beautiful* ». Je ne crois pas à une action sociale et médico-sociale gérée comme l'Éducation nationale avec un super ministère. Je pense que la richesse du secteur, c'est la diversité des organismes gestionnaires, avec des valeurs et des projets bien identifiés. Ce n'est pas la même chose de travailler dans une association départementale de parents et d'amis des personnes handicapées mentales (ADAPEI), au sein des Pupilles de l'enseignement public (PEP), dans une association pour adultes et jeunes handicapés (APAJH) ou une fondation confessionnelle. C'est important de pouvoir faire valoir les valeurs et les orientations spécifiques qui permettent de fédérer les professionnels.

Quant au partenariat, il ne va pas de soi, lui non plus, loin s'en faut. Les gens ont tendance à défendre leur pré carré. Faire travailler ensemble Éducation nationale et médico-social, Protection de l'enfance et pédo-psychiatrie est complexe. Un IME ne sait pas ce qui se passe à l'ESAT, les spécificités des établissements sont méconnues et les professionnels ne se connaissent pas ou très peu. Tout cela est assez cloisonné, étanche. D'où la complexité pour la mise en œuvre d'une réponse accompagnée pour tous, mais aussi plus globalement pour s'adresser de manière concertée aux pouvoirs publics.

On a pris du retard avec tout ça, mais cela pourrait être vraiment optimisé.

Cela nécessite aussi de savoir communiquer auprès des décideurs et financeurs...

Là aussi, il faut des évolutions. Je connais des directeurs auxquels on déroule le tapis rouge alors qu'on peut vraiment les questionner sur leurs pratiques. Certains « savent y faire », comme on dit.

Dans certains endroits, cela avance bien. Je connais un médecin inspecteur de l'ARS de La Réunion[12], qui souhaite que les directeurs soient plus authentiques et qui demande à rencontrer les équipes quand il va visiter les établissements pour connaître les problèmes qui peuvent se poser. Donc là, on avance bien. Les professionnels sont les VRP des associations et contribuent à son image auprès des partenaires et des financeurs.

---

12. Il s'agit de Bruno Meslet, qui a préfacé cet ouvrage, dont l'approche mérite d'être soulignée.

En lien avec les budgets d'investissement et de fonctionnement, et au-delà de l'humain, d'autres aspects impactent directement la qualité d'accompagnement et la qualité de vie au travail, comme l'architecture du bâtiment. C'est important ?

J'ai vu des bâtiments d'accueil et de travail vraiment déplorables, irrespectueux des usagers comme des professionnels, souvent d'ailleurs en raison d'une mauvaise gestion des investissements. Dans ces contextes, il y a une réelle atteinte à la dignité et à l'intégrité des uns et des autres. Comment être apaisé et se reconstruire dans de telles situations ? Comment penser que les conditions psychologiques de travail n'y seront pas mises à mal ?

J'ai vu également des bâtiments adaptés, attrayants, bien pensés, qui n'ont pas forcément généré des coûts démesurés. Je pense à l'IDEA des Pyrénées-Orientales ou encore à un EHPAD de la région de Besançon (le Centre Jacques Weinman) dans lequel j'ai récemment dispensé une formation. Les abords, le parc et les fleurs, les locaux (espaces collectifs, professionnels et privatifs) et les patios intérieurs étaient très bien pensés. J'y ai croisé des personnes âgées semblant y être heureuses et des professionnels détendus. Nul doute que le projet architectural y est pour beaucoup, comme nous le confirme Pascal Hory, architecte spécialisé dans le secteur sanitaire, social et médico-social.

Pour une architecture adaptée à tous

par Pascal Hory

Pour les personnes âgées : penser d'abord lieu de vie

Un EHPAD doit être conçu comme une grande maison collective. Son positionnement géographique est le plus important : il doit être proche du centre-ville pour permettre aux personnes âgées d'aller acheter du pain, au marché, à la pharmacie, avoir une vie en dehors de l'établissement et conserver un lien social avec l'extérieur. Or, nombre de ces établissements sont le plus souvent isolés et hors zone urbaine. Il est aussi nécessaire de favoriser la planéité des accès : éviter les terrains trop pentus pour une circulation facile et préservant l'autonomie.

La vision hospitalière doit être écartée le plus possible au profit d'une vision hôtelière. Dans de nombreux EHPAD aux Pays-Bas, le personnel d'accompagnement adopte ainsi une tenue civile, ce qui permet de supprimer l'effet « blouse blanche », inapproprié.

L'un des moments privilégiés de la vie, à tout âge, c'est le repas. Le lieu où il se déroule doit être soigneusement travaillé et les cuisines centrales sont à proscrire. Le repas doit être préparé sur place par un chef, dans une cuisine visible par les résidents, et susciter l'envie par l'odorat.

Pour ne pas voir, vers 9 h 30-10 h, des personnes âgées, désœuvrées, attendant devant le restaurant le repas du midi ou des résidents errant dans le sas d'entrée et n'ayant rien d'autre à faire que de regarder les gens passer, il faut leur proposer des activités de tous genres, intérieures comme extérieures : table de potager, pétanque, coiffeur, bar à thème, billard... La salle-rencontre avec la famille est aussi essentielle. Or, elle se présente bien souvent comme un bureau non propice au partage familial. Enfin, les morgues doivent absolument être déplacées en dehors de l'établissement, car leur présence au sous-sol est traumatisante.

Sur la conception architecturale, les volumes de l'établissement doivent tenir compte des impératifs des soignants et de la nécessité de réaliser un équipement compact pour un fonctionnement optimal. Des jardins doivent être aménagés avec des terrasses devant les espaces de vie des unités en rez-de-chaussée. Des jardins de senteurs et un potager pourront être installés dans des grands bacs surélevés. Pour certaines unités, des jardins clos permettront la déambulation avec des arbres des quatre saisons fleurissant tour à tour. Les chambres doivent avoir des vues dégagées vers l'environnement, les zones jardins, les espaces animés, notamment pour les personnes alitées.

Pour l'intérieur, il convient de développer une succession d'espaces à échelle humaine : hall, rue intérieure, espace café, salon de coiffure... La circulation sera matérialisée et hiérarchisée pour faciliter l'orientation, avec une couleur et des dessins de sol. L'ambiance sera lumineuse, couleurs et matériaux générant des univers différents. Certains locaux comporteront des ouvertures sur la rue (coiffeur, restauration) et leurs activités pourront être vues des résidents. L'administration sera positionnée de façon stratégique avec un accueil repérable et vitré, permettant un contrôle aisé de l'ensemble de l'axe principal de l'EHPAD. Les circulations intérieures comporteront des parties vitrées afin de faire entrer le paysage à l'intérieur et offrir des perspectives sur l'extérieur. Dans les chambres, le confort pourra être complété par des têtes de lit intégrant des haut-parleurs et des prises de connexion Internet. Il faut aussi permettre aux personnes de reconstituer un « chez-soi », de choisir la décoration, de les aménager avec des meubles et objets personnels, afin de solliciter et de prolonger les phénomènes de reconnaissance.

Pour les personnes en situation de handicap : penser village

Dans un projet de MAS, il doit y avoir la volonté de réaliser un bâtiment intégré à son environnement, accueillant et chaleureux. Cet équipement sera un lieu d'échange, de découverte, de liberté, d'apprentissages. Sa conception architecturale doit être support de pratiques médicales évolutives et diverses, et non basée sur une pratique figée. Pour les résidents et les visiteurs, le bâtiment se transforme progressivement : le parvis en espace public, le hall en transition entre le dehors et le dedans, la rue intérieure est un espace de circulation reliant les unités, l'administration et l'accueil forment un filtre entre le monde extérieur et l'intérieur du bâtiment.

Les usagers et les familles sont dans des situations difficiles, douloureuses. Notre rôle est important, nous devons contribuer à leur apaisement. C'est pourquoi tout projet doit être orienté vers une composition ludique et fonctionnelle.

Des jardins, des patios, de larges baies vitrées... Les ambiances doivent être chaudes et claires. Un large auvent protecteur doit permettre d'identifier facilement l'entrée de la résidence : marquage de l'entrée, invitation d'accès, dépose-minute, protection contre les intempéries.

L'architecte doit établir un plan dont les unités d'hébergement seront disposées selon un axe fédérateur. Le cheminement central traduit la liaison entre les entités. Le projet se décomposera en deux parties : d'un côté les unités, de l'autre les locaux communs et les services.

Pour le fonctionnement général, le projet doit impérativement se développer en rez-de-chaussée. Il pourra adopter l'image d'un village composé de plusieurs bâtiments, reliés entre eux, où chaque unité aura son propre volume et jardin. L'architecte recherchera un schéma d'organisation clair, pour une cohérence d'ensemble facile à appréhender, avec la création d'éléments repères, avec une disposition des locaux communs d'un même côté ou en position centrale.

Les unités d'hébergement doivent être compactes afin d'éviter les déplacements inutiles : salles de bains, chambres, et lieux de vie à moins de 15 m des chambres. Chaque lieu de vie possédera sa terrasse et son jardin extérieur ombragé et abrité. Ces lieux seront également tournés vers les constructions environnantes pour continuer à garder un lien social.

L'attention sera portée sur le traitement simple mais coloré et rassurant d'une architecture qui se veut une aide au personnel soignant. Dans les zones sensibles des circulations, les parois sont arrondies. Des zones spécifiques de stationnement et rangement des appareils roulants seront prévues dans les circulations pour éviter qu'ils ne soient disposés un peu partout de façon anarchique. Les circulations comporteront également des protections sur les bas de murs.

Par son ancrage dans le terrain, le projet devient un réel prolongement des constructions environnantes tout en affirmant sa vocation de bâtiment public. Pour les activités extérieures, le contact avec la nature est un moment privilégié : en plus des aires d'activités et des espaces engazonnés, des plantations seront réalisées, reprenant des essences locales et variées pour des fleurissements étalés dans l'année.

Pour les professionnels soignants : éviter l'effet « blouse blanche »

L'équipe soignante doit pouvoir être soulagée pour pouvoir aider au mieux ses patients. La longueur des circulations doit être minimisée pour éviter des pas inutiles et la fatigue du personnel. Il convient pour cela de positionner les locaux soins, ménages, lave-bassins de telle manière qu'ils soient centralisés. Une zone de détente pour le personnel doit être prévue et dissociée de la vie de l'établissement, afin que les soignants puissent prendre un repos réparateur. Dans certains cas, le personnel est tellement peu nombreux que ce pôle de détente sert aussi à la surveillance. Dans ce cadre, l'architecte se trouve confronté à une difficulté, car il ne peut plus créer cette zone de détente à l'écart.

Médicaliser les EHPAD ne me semble pas pertinent. Lorsqu'une personne âgée réside dans un EHPAD et que son état de santé justifie une hospitalisation, elle va, comme vous et moi, à l'hôpital. Par ailleurs, il existe d'autres services spécifiques comme les unités de soin de longue durée. Supprimer les fluides médicaux (oxygène, vide) en EHPAD efface la connotation hospitalière des chambres et allège considérablement le travail du personnel. Par contre, les rails « lève malade », dissimulés dans le plafond, sont un élément essentiel pour la prévention des maladies professionnelles.

Des outils à large portée

« Soyons optimistes. Misons sur le bon sens, sans jamais, nulle part, occulter la dimension de la relation humaine. »

PAS D'HUMAIN SANS ÉTHIQUE

Les différentes contributions à cet ouvrage montrent bien la difficulté de chacun face au changement, dans un secteur qui a dû beaucoup s'adapter ces dernières années. Comment l'accompagner ?

Au niveau sémantique d'abord, en arrêtant de parler systématiquement de « changement ». J'essaie le plus possible de parler de « démarche de progrès » ou d'« évolution », car les mots ont un sens. Quand on dit : « Il va falloir engager le changement », les professionnels se demandent : « Pourquoi ? Ça veut dire qu'on ne faisait que de la merde jusqu'à présent ? » Ils ressentent une forme de jugement sur la façon dont ils travaillent. Je me suis rendu compte qu'avec plus de pédagogie dans la formulation, l'adhésion était plus naturelle. Cela permet d'envisager la suite en partant de ce qui fonctionne bien. Car, sauf dans les cas extrêmes, il y a toujours des éléments positifs à conserver dans l'organisation, il ne s'agit pas de faire table rase.

En toile de fond de vos analyses, on retrouve la notion d'éthique. Comment la définir, la développer ?

Comme il y a un CVS pour les usagers, nous devrions parvenir à mettre en place un comité d'éthique dans chaque établissement, qui pourrait jouer un peu le même rôle de régulation.

Il n'y a pas de définition unique de l'éthique. Pour *Le Petit Robert*, c'est « la science qui traite des principes régulateurs de l'action et de la conduite morale ». Pour Lévinas, « c'est la mise en question de ma spontanéité par la présence d'autrui ». Je me retrouve dans ces définitions, et dans d'autres comme celle de Paul Ricœur[13] : « La visée éthique, c'est la visée de la vie bonne avec et pour autrui dans des institutions justes. »

Pour qu'elle ne soit pas galvaudée, la démarche éthique doit infuser dans l'atmosphère institutionnelle. J'accompagne des établissements à la mise en place de comités d'éthique : cela s'envisage sur une amplitude de deux ans, avec une sensibilisation de tous les cadres et professionnels. Il ne doit pas devenir un comité de traitement d'événements indésirables ou de situations à risques de maltraitance. Il s'agit de réfléchir à ce qui peut être questionné, valorisé et éventuellement modélisable pour renforcer une forme d'éthique dans le travail et réfléchir aux faits préoccupants. C'est d'autant plus nécessaire

13. Rapportée par Jérôme Passicousset dans sa contribution à l'ouvrage collectif d'Hervé Heinry (2016).

que plus on a été dans du normatif, plus la souffrance a augmenté. Cette instance doit donc être au-dessus de la mêlée, composée d'administrateurs, de cadres, de professionnels, d'usagers, de représentants des familles si elles sont impliquées dans la mise en œuvre des projets.

C'est drôle, car on me reproche parfois un manque de légitimité pour oser parler de la promotion de l'éthique. Certaines réflexions dépassent même l'entendement. Ainsi, tout récemment, un éducateur spécialisé qui venait de finir un master en action sociale m'a apostrophé : « Vous roulez en Audi A4… Ça fait plutôt libéral, non, alors que vous parlez d'égalité, de solidarité, d'éthique ?» Sans doute devrais-je rouler en 4 L pour être davantage crédible, alors que je fais 60 000 km par an pour mes différentes missions et que ma voiture affiche 230 000 km au compteur.

Certains clichés sont tenaces ! L'éthique, c'est aussi tout un secteur qui doit s'en emparer, avec des discussions communes et un soutien des organisations représentatives ?

Il faut faire adopter dans le fonctionnement naturel et continu des ESSMS les recommandations de bonnes pratiques professionnelles sur le questionnement éthique (2010) élaborées par l'Agence nationale de l'évaluation et de la qualité des établissements sociaux et médico-sociaux (ANESM). Elles donnent des clefs pour un questionnement éthique comme point d'ancrage et de référence de la démarche et de l'engagement pour assurer qualité de vie au travail et qualité de l'accompagnement. L'ANESM propose une approche conforme aux spécificités qui caractérisent l'éthique, la différencie des normes juridiques, morales et déontologiques. Elle positionne la réflexion dans la pratique professionnelle en termes de bénéfices pour les personnes accompagnées et les professionnels. Elle propose aussi des repères méthodologiques pour la mise en place d'une réflexion éthique dans l'établissement (ou le service).

Une nouvelle démarche peut aider à contrecarrer ce type de réflexes : la mise en place par Anne Picard de la labellisation comme établissement bientraitant[14]. En tant que membre du comité d'éthique de la société coopérative d'intérêt collectif (SCIC) qui la gère, cette initiative me semble garantir la sereine confrontation aux difficultés des ESSMS tout en favorisant la valorisation et la critique partagées des différents aspects de leur fonctionnement.

Il est également fondamental – ce en quoi l'Union nationale interfédérale des œuvres et organismes privés sanitaires et sociaux (UNIOPSS)[15] ou les

---

14. Voir le site www.etablissementbientraitant.fr.

15. On ne peut que conseiller la lecture de l'ouvrage collectif de l'UNIOPSS (2010), toujours d'une pertinente actualité. Il fait état des injonctions paradoxales dans lequel le monde de la solidarité se trouve pour faire réagir les organismes gestionnaires qui doivent, à partir de leurs spécificités, « opérer comme un des canaux de définition de l'intérêt collectif et de construction des utilités sociales ».

CREAI proposent leurs concours – d'inscrire l'éthique comme un enjeu capital de la réalisation effective des projets. Elle permet de garantir la mise en lien de la stratégie et du management comme leviers de la qualité de vie au travail et de la qualité d'accompagnement.

Là encore, il s'agit de s'enrichir de la diversité tout en recherchant le consensus : la primauté de la parité dans la reconnaissance des places de tous les acteurs. Elle ne peut s'envisager qu'à partir d'une appréhension et d'une lisibilité de ce lien entre la stratégie (les orientations déterminées en termes d'objectifs et de moyens pour mettre en œuvre la politique de l'organisation) et le management (qui va déterminer les modalités favorisant la fédération de tous les acteurs et leur inscription active dans cette démarche visant la promotion de l'éthique à tous les niveaux).

Il s'agit bien *in fine* de contribuer à la co-construction d'un processus équilibré, permettant d'adhérer à la complémentarité effective de trois dimensions interdépendantes : la qualité d'accompagnement des personnes, le bien-être au travail, la bonne utilisation et la maîtrise des moyens financiers. Cette logique suppose alors de répondre à quatre questions pour mettre le management au service de la stratégie :

– Qu'est-ce que l'organisation devrait faire au regard des écarts possibles entre les besoins des publics concernés et les réponses apportées ?

– Qu'est-ce que l'organisation veut faire à l'appui des valeurs qu'elle promeut ?

– Qu'est-ce que l'organisation est autorisée à faire, en référence à la législation et à l'encouragement à l'innovation qui peut en résulter ?

– Qu'est-ce que l'organisation a la capacité de faire, c'est-à-dire l'adéquation présente ou future des compétences qu'elle peut déployer pour y parvenir ?

C'est bien ce que nous indiquent ces extraits de témoignages, tirés de diagnostics partagés réalisés :

> « On nous envoie à des tas de formations sur l'éthique, sur la bientraitance et sur les risques psychosociaux… Et c'est de pire en pire… On n'a jamais vu autant de professionnels, pourtant passionnés par leurs métiers, en *burn-out* et en arrêts maladie. »
>
> « Il y a des gens qui ne veulent pas sortir de leur confort… D'autres qui ont peur que ce qu'ils expriment leur retombe dessus… C'est important que l'on sorte de ce climat de crainte, de manipulation et de perversion. »
>
> « Des gens qui refusent de changer, d'évoluer, peuvent induire chez les autres le refus de changer, peuvent trouver un intérêt dans les embrouilles… Ce serait un miracle si la démarche permettait de tout mettre à plat… Mais on n'y arrivera pas sans cela. »
>
> « La crainte, c'est que l'on vous arrête, en tant que médiateur, s'il n'y a pas une implication réelle de la direction, si elle n'a pas la capacité de se remettre en cause… Il faut que tout le monde veuille que ça évolue et que ça s'améliore. »
>
> « Il faut que beaucoup arrêtent de jouer aux cons, retrouvent une fierté et une ambition… Il faut que

la hiérarchie comprenne les enjeux, accepte sa part de responsabilité, comme nous la nôtre, et qu'on en finisse avec la logique du bouc émissaire. »

Ces constats sont assez fréquents pour toutes les raisons que nous avons évoquées. Cela suppose une volonté résolue de tous les acteurs d'aller bousculer l'ordre ou le désordre établi, dans une démarche de co-construction que Michel Foudriat (2016) caractérise comme « un processus par lequel des acteurs différents confrontent leurs points de vue et s'engagent dans une transformation de ceux-ci jusqu'au moment où ils s'accordent sur des traductions qu'ils ne perçoivent plus comme incompatibles ».

C'est aussi considérer la « communauté » comme une valeur et son appartenance comme devant induire des comportements de loyauté et d'honnêteté entre les acteurs (Bouquet, 2006 ; Vautrin, 2016[16]). Il faut promouvoir une stratégie et un management qui fédèrent, en comprenant l'intérêt d'un *management*

---

16. Les concepts dont certains usent et abusent, souvent pour noyer le poisson, donnent parfois le tournis. Un retour à des sagesses ancestrales peut aider à garder les pieds sur terre. C'est tout l'objet de l'ouvrage de Claude Vautrin, journaliste et grand reporter, qui relate son immersion au sein de la communauté chilienne des Mapuche (« peuple de la terre »). Chez les Mapuche, le *che* (« l'humain ») est représenté comme reposant sur quatre piliers : *Norche* (intégrité, rectitude) ; *Kimche* (sagesse, connaissance) ; *Neutenche* (énergie, force) ; *Kumeche* (bonté, bienveillance). Les relations humaines suivent quelques principes : « Ne pas être replié sur soi, ni faux, respecter l'autre, activer l'esprit d'ouverture, le dialogue, le respect de l'authenticité. » Une belle source d'inspiration pour les projets d'amélioration de la qualité de vie au travail et de l'accompagnement…

proactif, participatif, co-constructif, de proximité et en subsidiarité (Deshaies, 2006).

Et enfin, cela exige d'être au clair avec certaines stratégies d'évitement, de comprendre le fonctionnement des équipes, d'appréhender sereinement, pour mieux les gérer, les situations de tensions, de conflits, voire de crises. Tout ce que nous avons développé dans cet entretien, en somme.

UN PRINCIPE PHARE : LE MANAGEMENT BIENVEILLANT

Vous préconisez, en filigrane de tous vos propos, le postulat fondamental du management bienveillant…

Je viens justement de conclure une intervention dans un foyer de l'enfance dont l'intitulé était « L'efficience et l'éthique managériales en pratique : la valeur ajoutée d'un management bienveillant ». Il me semble bien que ce principe de bienveillance concerne toutes les strates de l'organisation, comme l'affirme Philippe Merlier (2013) qui considère que son corollaire, l'empathie, suppose une égalité dans la relation, en maintenant une juste distance fondée sur le respect.

La bienveillance n'est certes pas la complaisance. Une disposition généreuse à l'égard de l'humain ne doit pas conduire à des postures démissionnaires visant à acheter la paix sociale entre la hiérarchie et les subordonnés, ou à éviter tous risques de tensions et de conflits entre collègues. Ceux-ci ne demandent qu'à exploser s'ils ne sont pas traités. La bienveillance n'exclut pas la fermeté lorsqu'elle s'impose pour traiter une situation.

Entre bienveillance et complaisance, la frontière n'est-elle donc pas souvent étroite ?

Si vous le voulez bien, je vais reprendre une anecdote qui me revient à chaque fois que je traverse les Deux-Sèvres au cours de mes trajets professionnels. Les faits remontent à la période où j'étais directeur-adjoint dans un institut de rééducation. Étant de permanence, je fus appelé par la gendarmerie qui m'avisa d'un terrible accident de la route, sur la nationale qui relie Parthenay à Thouars. Une 2 CV conduite par une éducatrice avait percuté un véhicule venant en sens inverse après un dépassement mal apprécié : le conducteur et l'un de ses enfants avaient été tués sur le coup. L'éducatrice fut aussi gravement blessée, l'un des deux adolescents qu'elle avait avec elle également, le second tué sur le coup.

Aux conséquences tragiques de cet accident s'est ajouté le fait que l'éducatrice conduisait sans ordre de mission, donc sans autorisation et sans assurance.

Consciente des décès des deux personnes du véhicule qu'elle a percuté, elle était tellement traumatisée que je n'ai pu lui annoncer la mort de l'adolescent qu'après une semaine, venant lui dire chaque jour à l'hôpital que son pronostic vital était engagé.

Parallèlement, son mari me pressait pour savoir quelle suite disciplinaire serait donnée.

Je n'avais pas besoin de cette pression pour prendre ma décision. C'est tout naturellement que j'ai rédigé un ordre de mission antidaté pour ne pas avoir à ajouter de l'insupportable à l'épouvantable. Ai-je été bienveillant ou complaisant ? D'aucuns auraient fait valoir la faute professionnelle, certes avérée, en laissant aller à son terme une procédure disciplinaire. Aujourd'hui encore, je pense avoir fait le bon choix, mais personne n'est obligé de le partager.

Il m'est sans doute arrivé, dans d'autres circonstances, d'être « moins humain ». Mais j'ai été le plus souvent amené à le regretter, comprenant encore davantage aujourd'hui qu'aucun responsable ne doit laisser qui que ce soit au bord du chemin. En fait, il ne s'agit que de mettre l'humain au centre de toutes les relations.

Ce management bienveillant et les autres postulats que vous avez développés doivent être des outils au quotidien pour les professionnels. Précisons qu'il ne s'agit pas de leur ajouter des contraintes, mais de leur donner des clefs pour un mieux-être…

C'est simple. La première question à se poser dans les établissements, c'est : qu'est ce qui existe et qui fonctionne bien ? Ensuite : qu'est-ce qui existe et peut être amélioré ? Qu'est-ce qui existe et qui ne sert à rien ? Qu'est-ce qui n'existe pas et pourrait être créé ?

En répondant à ces questions, on peut créer les espaces et les temps nécessaires pour une organisation qui vive et qui ait du sens, sans ajouter d'instances chronophages.

Nous l'avons dit et répété : il faut que les bons sujets soient traités dans les bons endroits avec les bonnes personnes aux bons moments.

Je pense aussi à deux choses importantes : l'une renvoie aux postures professionnelles et la seconde concerne le cadre du travail. Lorsque j'ai évoqué la typologie des acteurs, je n'ai pas appuyé suffisamment mon propos sur une qualité qui me semble être basique pour des rapports humains sereins dans toutes les organisations : l'humilité. Sans que cela puisse aller jusqu'à s'auto-flageller en permanence, bien évidemment, il me semble que beaucoup de difficultés relationnelles sont liées aux comportements de grande suffisance, voire de toute-puissance, de certains par rapport à d'autres.

Il en va ainsi des « bac + 10 » qui pensent avoir toujours raison en méprisant les moins diplômés et les moins qualifiés, des éducateurs irrespectueux à l'égard des agents de service... Chacun peut compléter par de nombreuses illustrations. Bien que ce soit la clef évidente et souvent revendiquée de la démarche de co-construction, il reste du chemin à parcourir avant que l'acceptation d'autres points de vue que les siens et l'aptitude à reconnaître ses erreurs, le cas échéant, se retrouvent au cœur des relations de travail.

Je veux aussi évoquer un sujet encore un peu tabou dans le secteur sanitaire, social et médico-social : la recherche de la meilleure adéquation possible entre l'engagement professionnel et le droit à une vie personnelle satisfaisante. Il est assez fréquent de voir des cadres culpabiliser parce qu'ils partent du travail à une heure raisonnable.

Il peut arriver que l'on soit peu regardant dans certaines contraintes que l'on impose à ses subordonnés, par exemple pour effectuer un remplacement au pied levé, tout en affirmant que l'équilibre entre vie professionnelle et vie personnelle constitue un des facteurs de la prévention et de la gestion des risques psychosociaux. Je ne dis surtout pas qu'il faut perdre les réflexes d'entraide, de solidarité, de disponibilité, mais que ceux qui ont en charge le pilotage des ressources humaines doivent être davantage sensibilisés à la considération pour la vie privée des salariés. Cela aura des impacts positifs sur leur implication professionnelle, et *vice-versa*.

DES CLEFS POUR TOUS, AU-DELÀ DU SECTEUR

Vos analyses peuvent-elles servir au monde du travail en général, au-delà du secteur médico-social ?

Je crois que oui, car c'est la même réalité partout. Il y a toujours à satisfaire un patient, un usager, un client. J'attends de mon boulanger – moi qui suis fils de boulanger – qu'il soit aimable et que son pain soit bon. Si l'un ou l'autre ne correspond pas à ce que j'en attends, je n'y retournerai pas. Mais peut-être que le vendeur ou la vendeuse aura été désagréable parce que son patron lui aura mis la pression, fait des reproches, etc.

Quand je discute avec mes amis, qui travaillent tous dans des univers très différents, je me rends compte qu'ils rencontrent les mêmes difficultés, dans des organisations ou entreprises très hiérarchisées, verticales, avec le même type d'aberrations, dans un contexte économique contraint. Et les symptômes qu'ils décrivent sont les mêmes, allant du *burn-out* au *brown-out*.

Donc c'est la même réalité, qui invite à déployer les mêmes réponses : un management bienveillant, pas complaisant, pour permettre à tous les acteurs de faire leur métier dans les meilleures conditions possibles.

Mais il ne faut pas en rester aux intentions, sinon c'est à la portée de tous. C'est essentiel de s'appuyer sur des chartes rappelant les pratiques à développer pour respecter les droits fondamentaux des personnes accueillies (la qualité d'accompagnement). Ça l'est tout autant de pouvoir s'appuyer sur des engagements partagés qui promeuvent la qualité de vie au travail.

Il arrive aussi que le secteur des ESSMS s'inspire du secteur économique, pas vraiment à bon escient…

L'exemple d'un IME de la région lyonnaise que j'ai accompagné sur plusieurs années est significatif. Il subissait une gestion délétère des ressources humaines et un management désastreux à la McDonald's. Avec le concours de tous les professionnels, d'un directeur de transition remarquable, puis d'une équipe de direction telle qu'on la souhaite (Antonio Teixeira, directeur, et Jacques Bertail, chef de service), l'établissement s'est relevé. Quelques années après, il a pu élaborer une charte – preuve de la maturité des équipes, malgré les blessures accumulées – qui mérite le détour[17].

C'est vraiment du bon sens, en toute modestie. Les professionnels ont tous des responsabilités chacun à leur niveau, mais bien sûr c'est au plus haut niveau que les décisions se prennent, et là on retrouve autant de fieffés incapables que de gens très intéressants.

Aujourd'hui, il y a des constats positifs, des organisations qui évoluent. Dans les entreprises les accords sur la qualité de vie au travail fleurissent. Mais là encore, il s'agit de les faire vivre vraiment, pas de les brandir tels des étendards pour communiquer sur une prétendue bienveillance. Soyons optimistes et misons sur le bon sens, sans jamais, nulle part, occulter la dimension de la relation humaine.

Lorsque cette priorité accordée à l'humain est posée comme postulat préalable à toute démarche de projet et de progrès, tous les acteurs adoptent les bons réflexes et les bonnes prises de position pour lutter contre « les pactes de non-agression » (Savall,

17. Voir la charte élaborée par l'IME L'Espérelle en annexe 3.

Zardet, 1995), les pratiques clandestines, les non-dits et leur entretien, les tabous ou les dadas, les pas vus pas pris, les « c'est pas moi, c'est l'autre ».

Avant de parvenir à un contexte de travail plus authentique et serein, il est capital de s'élever contre les agissements inadaptés, quelle que soit sa place, quels qu'en soient les auteurs, quelles que soient les pressions environnantes. Jean-Jacques Rousseau disait que « se faire sa propre opinion n'est déjà plus un comportement d'esclave », invitant Hervé Sérieyx (2003) à écrire : « Quand on parvient par son propre enthousiasme à amorcer l'enthousiasme des autres, on déclenche une dynamique qui trouve sa propre autonomie ! »

Il suffit donc – et ce n'est vraiment qu'une question de volonté ! – de s'assurer, à tous les niveaux et sans crainte, de l'adéquation continue entre les intentions et les positions prises, entre les discours et les actes, en s'appuyant sur « une nouvelle logique institutionnelle, aussi horizontale que possible, pour remplacer les vieilles verticalités hiérarchiques, en misant alors résolument sur un usage libre et participatif de la parole » (Maillochon, 2016)... et pas seulement pour les professionnels du sanitaire et du social.

Postface

Christian Heslon
Maître de conférences en psychologie des âges de la vie

Revendiquant dès son titre, *L'humain d'abord*, sa pleine inscription dans l'humanisme des Lumières, l'ouvrage passionnant que l'on vient de lire, riche de l'expérience du praticien non seulement « réflexif » au sens de Donald Schön (1994), mais, plus encore, éclairé et critique qu'est Jean-Louis Deshaies, conduit à se poser la question du devenir de ce fameux humanisme en nos débuts de XXIe siècle.

Car l'humanisme résulte de la modernité occidentale qui débuta avec la Renaissance puis se déploya avec la philosophie des Lumières, avant de s'exprimer dans le romantisme, l'existentialisme ou la sociologie politique. Ces 500 ans d'histoire de l'Occident posèrent trois principes essentiels : le sujet, la raison, et la justice. Or, ces trois principes sont aujourd'hui contestés de toute part : retour des obscurantismes religieux, mondialisation et globalisation avec leurs corollaires de relativismes culturels – car l'humanisme occidental servit aussi de prétexte au colonialisme – et, surtout, actuelles perspectives « trans-humanistes » – dont les promesses d'un humain « augmenté » ne sont pas sans rappeler certain « surhomme » de triste mémoire…

Suffit-il alors d'en appeler à « l'humain » pour combattre ces menaces ? Ou ne devons-nous pas penser le « post-humanisme » contre le « trans-humanisme », ainsi que Dominique Lecourt (2003) nous y appelait ?

Les menaces sont en effet multiples et les réponses urgentes. D'abord parce que le modèle social de nos riches contrées ne résistera pas longtemps à la pression migratoire que les crises géopolitiques, écologiques et énergétiques mondiales en cours vont accentuer. Ensuite, parce que le sujet de l'Inconscient, promu par Freud à la fin du XIXe siècle et dont héritent toujours peu ou prou les théories que le travail social met en œuvre, peine de plus en plus à rendre compte des psychologies de par le monde, malgré les méritoires essais de l'ethnopsychiatrie et de la psychologie interculturelle, tels qu'illustrés en France par Tobie Nathan ou Marie-Rose Moro. Enfin, parce que trois phénomènes conjugués conspirent aujourd'hui à nous déshumaniser, à savoir l'« accélération » technique, rythmique et sociale théorisée par Hartmut Rosa (2013), la « liquéfaction » de nos mondes hier réputés solides – thèse défendue par Zygmunt Bauman (2010) – et le trans-humanisme conduisant, d'après Aubrey de Grey (2008), à la « fin de l'âge », c'est-à-dire à l'abolition des limites humaines.

C'est pourquoi l'appel de Jean-Louis Deshaies à promouvoir l'humain est si précieux : loin d'adhérer aux promesses technologiques qui contribuent et contribueront demain encore plus à compenser les handicaps et les incapacités, il profile une nouvelle idée de la justesse des liens entre les êtres humains.

Prenons pour exemple la récente étude menée sur les bénéfices du robot Paro auprès de sujets âgés atteints de troubles de type Alzheimer. Ce robot-compagnon interactif, en forme de phoque, améliore considérablement le score MMS de Folstein de patients âgés atteints de troubles de type Alzheimer. Autrement dit, ces patients auxquels on permet d'être en contact corporel au sein de leur EHPAD avec ce robot voient leurs troubles augmenter moins vite, voire décliner, quand s'accentuent les pathologies des patients similaires qui ne bénéficient pas du contact avec ce robot-compagnon... Doit-on pour autant remplacer les aides-soignants et les agents hospitaliers spécialisés en EHPAD par ce robot[18] ? Ou bien encore, doit-on oublier que l'animal de compagnie remplit les mêmes offices ?

La question qui se pose est alors la suivante : jusqu'à quel point la présence humaine ou, du moins, celle vivante et incarnée, est-elle remplaçable par une machine dans les métiers de l'aide, du soin, bref, de l'accompagnement ? Il est probable que les limites de cette présence des corps et des êtres

---

18. Il n'est pas inutile de rappeler que le mot français « robot » provient du tchèque *robota*, qui signifie « travail » dans le sens de « besogne », voire de « corvée ».

soient de plus en plus repoussées dans les décennies qui viennent : utérus artificiel, robots interactifs ou agents narratifs virtuels en offrent déjà les prémices.

Mais ce sur quoi le témoignage ancré de Jean-Louis Deshaies attire notre attention, c'est d'une part que l'intersubjectivité va au-delà de l'interaction (face à quoi, la subjectivité de la machine demeure encore largement insuffisante) et, d'autre part, que les conditions de travail des accompagnants déterminent étroitement la qualité de leur accompagnement (ce à quoi les machines sont, pour l'heure, totalement indifférentes).

Ce double postulat rejoint les récents travaux de Jean-Luc Bernaud sur la *Psychologie de l'accompagnement* (2015) et la *Psychologie de la bientraitance professionnelle* (2016). Ces deux ouvrages étayent et confirment qu'il n'est pas d'accompagnant qui ne soit lui-même humainement accompagné, de même qu'il n'est pas, non plus, de professionnel « bientraitant » qui ne soit lui-même bien traité...

Il faudrait certes ici rappeler les travaux fondateurs du regretté Paul Fustier (2005) qui souligna l'indispensable contractualisation de tout accompagnement, sans laquelle le risque du don serait de mettre en dette l'accompagné et d'alimenter la jouissance de l'accompagnateur. Et aussi l'infatigable production de Jean-François Gomez (2013), soulignant sans cesse l'ambiguïté du désir d'accompagner.

Quoi qu'il en soit, mon ami Jean-Louis Deshaies et Lætitia Delhon viennent de nous offrir, avec cet ouvrage dense, courageux et nourri de clinique expérientielle, l'occasion de quatre réflexions nécessaires à agir aujourd'hui auprès d'autrui :

– La première concerne le statut de l'éthique de la sollicitude (ce qu'on nomme aussi le *care*), condition même de l'identité humaine selon Paul Ricœur (1990).

– La deuxième nous rappelle que « bientraiter », c'est n'intervenir que pour compenser l'incapacité dans laquelle un sujet se trouve de garantir par lui-même sa liberté, sa dignité, son intégrité, son intimité et sa sécurité.

– La troisième nous rappelle que la déshumanisation dans laquelle nous sommes tient essentiellement à ce qu'Alain Supiot nomme la *Gouvernance par les nombres* (2015). Le développement intense de l'évaluation, des démarches qualité, des appels à projets et statistiques, n'est possible que par la diffusion des machines numériques que sont les ordinateurs.

– La dernière concerne l'« anthropocène », ou destruction du monde par l'homme, aux antipodes de l'humanisme, à la fois d'origine capitaliste selon Paul Jorion (2017) et aux motifs plus profonds selon Christophe Bonneuil et Jean-Baptiste Fressoz (2013).

Ce pourquoi, félicitant Jean-Louis de sa vigilance, je le remercie de m'avoir donné l'occasion de pousser avec lui la réflexion dans ces quelques pages. Humains d'abord, certes, mais post-humanistes surtout, du moins si nous ne voulons pas que le travail social et médico-social ne soit plus qu'un rempart résiduel face aux multiples menaces que l'humanité fait désormais planer sur elle-même…

La qualité de vie au travail et la qualité d'accompagnement des usagers

Mot de l'auteur

Une partie des droits d'auteur de cet ouvrage sera reversée à l'Association France Huntington (AFH) qui est investie dans la recherche contre la maladie du même nom, à laquelle mon fils Romain a succombé, ainsi qu'à l'Association pour le droit de mourir dans la dignité (ADMD) qui contribue aux accompagnements qui s'imposent pour mettre fin aux souffrances.

Annexes

Annexe 1
Typologie des postures des acteurs

Cette typologie, tirée d'expériences diverses, est non exhaustive et toujours « à enrichir » :

- Les acteurs centraux du projet, très investis de sa conception à sa mise en œuvre.
- Les acteurs périphériques facilitants, engagés partiellement dans le projet, répondant présents lorsqu'ils sont sollicités.
- Les acteurs indifférents, positionnés en extériorité au projet, insensibles et détachés de la vie de l'organisation, de son présent et, surtout, de son avenir.
- Les acteurs confrontants, critiques vis-à-vis du projet mais pouvant avoir une fonction d'élucidation de ce projet.
- Les acteurs opposants, systématiquement en désaccord avec toutes les propositions, au risque de défendre sans gêne aucune un point de vue, un jour, et son contraire, le lendemain.
- Les acteurs démotivés (« burn-outés »), en raison d'une usure professionnelle ou/et d'un manque de reconnaissance, de considération (absence de *feed-back*).
- Les acteurs victimes du syndrome de *bore-out*, s'installant dans la routine.
- Les acteurs subissant le *brown-out*, la « baisse de courant », c'est-à-dire la perte de sens dans le travail.
- Les acteurs victimes du syndrome de Calimero (Tomasella, 2017), toujours dans la plainte, bougons, grincheux, grognons, qui passent leur temps à formuler leurs griefs et à les faire subir par les autres.
- Les acteurs retenus, étouffés, contenus, neutralisés, paralysés, ou/et muselés, en raison de difficultés personnelles d'expression ou de la présence d'autres personnes.
- Les acteurs « logorrhéiques », adeptes des bavardages intarissables et oiseux (souvent sans intérêt réel, vides de sens ou superflus), ayant le besoin irrésistible de parler et de monopoliser la parole.
- Les acteurs psittacistes qui répètent, sans raison et de façon mécanique, des mots, des phrases, des notions dont ils n'ont pas compris le sens ou qu'ils ont mal assimilées.

- Les acteurs « écholaliques », qui rapportent, répètent les paroles d'autrui ou qui imitent la conduite d'autrui, de façon automatique, sans même inviter au début d'un dialogue...
- Les acteurs « mithridatisés » et « routiniers », devenus insensibles et installés dans leurs habitudes, en repoussant *a priori* toute idée de nouveauté ou de progrès, toute prise d'initiative.
- Les acteurs indépendants (« free lance »), travaillant comme des « électrons libres ».
- Les acteurs de mauvaise foi, adeptes de l'entretien des bruits de couloirs et de la déloyauté, du *ladi lafé*... comme l'on dit à La Réunion.
- Les acteurs illusionnistes, trompeurs subtils (souvent charmeurs et séducteurs) qui « se déguisent » et qui « font croire... », parvenant à créer l'illusion en donnant le sentiment du réel et du vrai, même si tel n'est pas le cas.
- Les acteurs complaisants (« béni-oui-oui »), toujours pressés d'approuver les initiatives d'une autorité établie, ou/et acceptant de toujours s'abaisser au niveau de quelqu'un.
- Les acteurs condescendants, distants, voire hautains ou dédaigneux à l'égard « d'un inférieur » ou d'une personne qu'ils considèrent comme telle.
- Les acteurs assujettis ou inféodés, à une logique clanique, se soutenant mutuellement, en cherchant la lutte ou l'intrigue, pour faire prévaloir leur(s) intérêt(s) commun(s) en étant en rupture avec l'intérêt général.
- Les acteurs suffisants, ayant une très (trop) haute idée d'eux-mêmes, donnant leur opinion sur tout sans jamais douter de rien, ni d'eux-mêmes.
- Les acteurs imposteurs, qui se coulent toujours dans le moule pour mieux duper leur monde (Gori, 2015), leur intérêt individuel supplantant le souci général, en exerçant des pressions plus ou moins occultes et suspectes sur d'autres personnes pour les « diriger » à leur guise.
- Les acteurs manipulateurs (Joule, Beauvois, 2014), pervers-narcissiques, qui tentent d'obtenir ce qu'ils veulent sans aucune forme de persuasion, des choses qu'ils n'avaient jamais concédées autrement, qui sont charmeurs et flatteurs, en jouant sur les cordes sensibles de leurs interlocuteurs, leurs victimes pouvant entrer dans une spirale infernale de culpabilisation et de dévalorisation.

- Les acteurs pervers, enclins à nuire, à faire le(du) mal ou/et à l'encourager.
- Les acteurs cyclothymiques, passant de l'euphorie à l'abattement, de la gaieté à la tristesse, ce qui rend complexe le rapport réciproque à autrui.
- Les acteurs caméléonesques ou polymorphes, changeant d'opinions et de manières d'être selon les circonstances, pouvant évoluer dans l'une ou l'autre des catégories précédentes, voire dans plusieurs.

NB : les quatre premières catégories ont été définies par Jean-Pierre Boutinet (1999), toutes les autres se sont précisées et se précisent toujours au fur et à mesure de nos interventions ou/et de nos réflexions.

Annexe 2
Méthodologie du diagnostic partagé

Établir le diagnostic partagé de la qualité de vie au travail (QVT) et de la qualité d'accompagnement des usagers (QAU) dans le cadre d'une formation d'auditeurs qualité (ou pour une intervention réalisée par un tiers)

PROTOCOLISER LES MODALITÉS D'ORGANISATION DE LA MISE EN ŒUVRE DE LA DÉMARCHE

La démarche doit viser la prise en compte concomitante de la QVT et de la QAU, en considérant deux phases :

– la phase diagnostique, *via* le croisement des regards de tous les acteurs ;

– la phase de conception plurielle et de mise en œuvre participative des évolutions souhaitables.

La phase diagnostique implique plusieurs précisions :

- La mise en place d'un comité de pilotage QVT/QAU :

– sa constitution (représentants des IRP et/ou CHSCT, équipe de direction, par exemple) ;

– son rôle :

– garantir le respect d'un protocole de mise en œuvre de la démarche de promotion de la QVT/QAU et donc des différentes étapes du processus défini, la planification proposée (semaines 1 à 15) étant bien sûr modulable pour prendre en compte les conditions d'une réalisation sereine de la démarche concomitante de promotion de la QVT et de la QAU, ainsi que de l'engagement de chacune des structures à en accepter les règles,

– faire le point régulièrement sur l'avancée des travaux en traitant, le cas échéant, les difficultés rencontrées,

– veiller à la conformité de la démarche avec les obligations réglementaires liées à l'effectivité du processus préconisé et validé.

- L'élaboration d'un référentiel pour le diagnostic. Lors d'une formation, les personnes chargées de la réalisation du diagnostic (auditeurs) finalisent un référentiel (en contextualisant le support EFFICIO) qui permet de souligner les atouts et les points à améliorer des structures sur chacun des thèmes d'évaluation suivants, qui préconisent une approche diagnostique systémique, fondée sur tous les paramètres permettant de prendre concomitamment en compte la QVT et QAU :

– référence au cadre législatif, politique et contextuel ;

– effectivité de la mise en œuvre des droits des bénéficiaires et des prestations ;

– efficience de la gestion des ressources humaines et du management ;

– efficacité des moyens structurels, matériels et financiers ;

– engagement-qualité.

- La consultation lors d'un diagnostic par entretien (engagement éthique) :

– assurance de l'anonymat, puisque seul le secteur d'activité est identifié (par exemple, service administratif et logistique, services généraux, service éducatif, service paramédical, etc.) ;

– référence continue au postulat de la démarche (favoriser l'expression la plus exhaustive possible de chaque acteur et prévenir les risques de « non-dits ») ;

– réalisation des entretiens avec honnêteté intellectuelle et loyauté, en s'engageant à ne pas faire prévaloir ses points de vue « d'auditeurs » ou à conditionner les réponses « des audités » ;

– aide à l'exposé de situations, de faits (factualisation), sans rechercher des « coupables » des éventuels dysfonctionnements ;

– confiance dans les capacités des acteurs (à s'investir dans leurs rôles « d'auditeurs », à s'impliquer dans leurs rôles « d'audités »).

- Des principes à partager, pour préserver la régularité des consultations :

– constitution préalable de binômes (ou trinômes) « d'auditeurs » et des groupes « d'audités » en s'interdisant les risques de liens de subordination directe et de relation directe de travail (planification de l'organisation des consultations, à arrêter pour chaque établissement ou/et service) ;

– planification préalable des temps à prévoir pour la disponibilité :

– des « audités »,

– des « auditeurs », afin de préparer et de conduire les entretiens, puis traiter et analyser les données recueillies ;

– appui sur un questionnaire commun, à partir duquel tous les « auditeurs » conduisent les entretiens ;

– appui sur les techniques traditionnelles d'entretiens qui préconisent l'écoute, l'empathie, l'aide à la reformulation, le cas échéant.

- La conduite des entretiens est un « exercice » à aborder avec rigueur et sérénité :

– introduction rassurante pour établir les meilleures conditions possible de l'expression des « audités » :

– présentation du cadre de « l'interview » et de son déroulement,

– énoncé synthétique des contenus (thèmes sur lesquels porte l'entretien),

– précision des modalités pratiques des prises de notes, de leur traitement ultérieur, de leur destruction à la fin du traitement du diagnostic ;

– animation soucieuse de la participation active des « audités », en prenant appui sur le questionnaire d'entretien sans en être dépendant :

– ne pas être focalisé sur le déroulé des questions,

– être soucieux et respectueux de l'expression des « audités » sur tous les thèmes à aborder, tout en veillant au caractère spontané de « l'interview », mais aussi à ce que toutes les thématiques soient abordées ;

– recueil fidèle des points de vue exprimés, sans entrer dans des explications, voire dans des solutions ou la recherche de résultats immédiats (on « recueille » et l'on réfléchit seulement dans les étapes suivantes aux améliorations à apporter) ;

– garantie du temps imparti et du respect de la confidentialité du lieu :

– heure de début et de fin de l'entretien de consultation,

– durée de l'entretien,

– prévention de tout départ ou de toute arrivée au cours de l'entretien,

– adaptation des conditions matérielles d'accueil et d'écoute.

- La réalisation par les « auditeurs » du diagnostic, qui impose de respecter 6 temps distincts en s'interdisant de passer de l'un à l'autre avant leurs termes respectifs afin de garantir la meilleure objectivation possible :

1. Recueil des données lors de la consultation auprès de toutes les catégories d'acteurs (prise de notes exhaustives et sans influence), par petits groupes (1 h 30) ou individuels (1 h) en semaines 1 et 2.

2. Traitement des données (sélection de 15 à 20 *phrases témoins* par entretien, dans le respect de l'anonymat, mais en indiquant la catégorie des « audités » qui se sont exprimés) en semaines 3, 4 et 5.

3. Affectation des *phrases témoins*, en atouts ou en points à améliorer (ou « à cheval » sur les 2 colonnes, le cas échéant), dans les différents sous-thèmes du référentiel, en semaines 6 et 7.

4. Élaboration des synthèses (une ou plusieurs idées clés, pour chaque sous-thème d'évaluation « nourri » par des *phrases témoins* qui y sont affectées) en semaines 8 et 9.

5. Synthèse des points forts et points à améliorer au niveau de chaque établissement ou/et service pour chaque thème du référentiel en semaine 10.

6. Restitution et validation du diagnostic réalisé en semaine 11.

La phase de mise en œuvre des évolutions souhaitables postule également un cadrage méthodologique comprenant :

- le suivi du processus par le comité de pilotage. Outre le rôle défini lors de la première phase, il est ici précisé que celui-ci s'attache au respect du cadre et des modalités de mise en perspective des évolutions souhaitables, en vue de la conception, de l'élaboration, de la mise en œuvre et du suivi de la démarche de progrès, pour laquelle un plan d'actions doit en résulter ;
- la mise en place et l'animation de groupes de progrès, pour ne pas en rester au stade des constats posés dans le diagnostic partagé. La démarche invite à la recherche participative et plurielle des évolutions souhaitables, afin de consolider les points forts de l'organisation et remédier aux points à améliorer en matière de QVT/QAU. À cette fin, sont définis le cadre de la mise en place et de l'animation d'un ou plusieurs groupe(s) de progrès par l'établissement ou le service, l'une et l'autre étant fondées sur une approche pragmatique et systémique :

– chaque groupe de progrès est composé de représentants de toutes les catégories professionnelles, de façon à pleinement favoriser l'expression de tous les acteurs et la confrontation éventuelle de leurs points de vue sur les situations à traiter.

– il peut se réunir 2 jours (semaines 12 et 13), en veillant à ce que la moitié du groupe soit constituée des mêmes personnes sur les deux journées s'il devait y avoir des roulements liés aux contraintes de service.

- l'animation du ou des groupes de progrès, par les mêmes binômes (ou trinômes) que ceux qui ont conduit la première phase diagnostique pour piloter ces deux journées, à l'appui d'une approche méthodologique qui permet aux groupes de progrès :

– de reformuler chaque situation à traiter ;

– de préciser les conséquences de la situation-problème sur la QVT et sur la QAU ;

– d'en rechercher les causes : *les causes premières* qui viennent d'emblée à l'esprit, *les causes plus profondes* qui se précisent à partir des échanges entre les participants, et *les causes racines* davantage liées peut-être à l'histoire institutionnelle, aux habitudes professionnelles ;

– de proposer les objectifs généraux et opérationnels, ainsi que les actions permettant d'y remédier ;

– de préciser les conditions et les moyens de leur réalisation.

- la validation des préconisations du ou des groupes de progrès :

– les travaux du(des) groupe(s) de progrès sont formalisés dans un document devant bien sûr être soumis à validation par les équipes de direction et les IRP ou/et le CHSCT. L'équipe de direction précise ce qui est faisable ou non ainsi que l'échéancier de réalisation des actions préconisées (sur le court terme, à 6 ou 8 mois ; sur le moyen terme, à 18 mois ; sur le long terme, à 1 an et demi, 2, 3, 4 ou 5 ans) ;

– pour garantir le respect de l'engagement participatif mis en exergue par le comité de pilotage, outre l'équipe de direction, et les IRP, ou/et le CHSCT sont conviés à cette phase de validation deux ou trois représentants du/des groupe(s) de progrès, ces derniers étant présents pour resituer, le cas échéant, le contexte à partir duquel les préconisations ont été formulées. Il est nécessaire de prévoir une journée à cette fin en semaine 14 ;

- l'inscription des préconisations validées précédemment dans un plan d'actions, élaboré (semaines 15 et 16) par l'équipe de direction de chaque structure avec le concours des IRP et/ou du CHSCT, afin que les évolutions souhaitables se traduisent dans un pacte d'engagement collectif résolu. Les préconisations validées (en semaine 14) sont formalisées dans un plan d'actions qui précise, à partir de chaque situation traitée, les axes de progrès en lien avec chaque domaine d'évaluation précisé dans le référentiel :

– les objectifs généraux ;

– les objectifs opérationnels et les actions prioritaires qui en résultent ;

– l'échéancier de leur réalisation ;

– le pilotage de chaque action (pilote, co-pilote, coopérateurs principaux, autres coopérateurs) ;

– les modalités de suivi des actions.

N.B. : à partir du plan d'actions, chaque équipe de direction inscrit, après validation par le conseil d'administration, ce qui lui semble opportun ou non sur le document formalisé en vue, le cas échéant, de la signature d'un accord.

- le suivi du plan d'actions par le comité de pilotage QVT/QAU, ce qui consiste :

– à assurer le suivi de l'avancée des actions planifiées dans le plan d'actions et mises en œuvre ;

– à engager les réajustements qui, le cas échéant, doivent s'opérer.

Annexe 3
Charte de la bientraitance institutionnelle ADAPEI du Rhône

À la suite de la diffusion d'une charte relative à la bientraitance des enfants accueillis à l'IME L'Espérelle (situé à Caluire-et-Cuire et géré par l'ADAPEI du Rhône), par le canal de la « lettre hebdo », les professionnels et la direction ont ressenti le besoin de mettre en avant une charte relative à la bientraitance des professionnels. N'arrivant pas à trouver un texte qui fasse consensus, l'établissement a décidé d'en élaborer un. Pour ce faire, un appel à participation a été lancé à l'ensemble des acteurs de l'institution et un petit groupe opérationnel de 8 professionnels s'est constitué pour s'atteler à cette tâche.

Participants : Jacqueline Raynaud (éducatrice spécialisée), Véronique Roulac (éducatrice spécialisée), Sophie Colombet (monitrice éducatrice), Christelle Levi (éducatrice spécialisée), Marie Beynier (éducatrice spécialisée), Anaïs Dulin (éducatrice spécialisée), Claire Gannaz (chef de service), Antonio Teixeira (directeur).

Pour pouvoir respecter la prise en compte de l'intérêt supérieur de l'usager, chaque salarié doit se sentir bien traité : « Un salarié bien traité est un professionnel bientraitant. » À cette fin, nous avons retenu 7 principes fondamentaux.

1. Respecter la personne

Chacun doit pouvoir être écouté et entendu à la fois dans ses difficultés et dans ses aspirations.

Chacun, quel que soit son statut, doit faire preuve de courtoisie, de politesse et de discrétion dans ses relations interpersonnelles.

Chacun veille (et en tout premier lieu les cadres) à garantir l'intégrité psychique et physique des personnes.

Chacun engage l'entièreté des moyens à sa disposition pendant la totalité des temps passés au travail.

2. Reconnaître la compétence

Cela suppose :

- de respecter le cadre d'action de chaque professionnel dans ses spécificités par tous et en tout temps ;

- de promouvoir la formation continue tout au long de la vie, quel que soit le niveau de départ de la personne ;
- de proposer un juste salaire équitable, en lien avec le travail à faire.

3. Garantir un climat de confiance

Il s'agit :

- de s'intéresser à la pratique de l'autre sans jugement, afin de permettre de se connaître et de nourrir la confiance mutuelle ;
- de respecter scrupuleusement la confidentialité des espaces dédiés.

4. Être responsable (y compris de façon réflexive)

Cela nous oblige donc tous à adopter une transparence dans nos échanges et dans notre engagement les uns au service des autres.

Cela implique de reconnaître et d'accepter de pouvoir être en difficulté en ayant la possibilité de faire appel à des ressources internes ou externes, repérées par tous (notamment en situation de crise).

Cela nécessite d'avoir la garantie de disposer de toutes les informations utiles nécessaires à l'exécution du travail attendu, notamment concernant les usagers (transmissions).

Cela requiert de considérer l'autonomie comme contribuant à l'épanouissement professionnel, l'institution et les salariés devant respecter l'autonomie technique de chacun et faire preuve d'une mobilité intellectuelle.

Cela conduit à ce que chaque salarié puisse engager sa responsabilité s'il est convaincu qu'une démarche, un projet ou une disposition ne correspond pas aux valeurs éthiques et aux règles déontologiques auxquelles il se réfère.

5. Permettre une communication et des relations interpersonnelles de qualité

Il est essentiel :

- d'avoir le souci d'un accueil de qualité pour tout professionnel ;
- de respecter des cadres prévus (ne pas dévoyer ou instrumentaliser les différents espaces), de connaître des différents cadres en nombre suffisants (qualitativement et quantitativement), de diffuser les informations, descendantes et ascendantes ;
- de veiller à nous mettre à la portée de tous ;
- de rechercher l'efficience des différents outils utilisés, soit supports, soit organisationnels ;

- de promouvoir la culture institutionnelle, en rappelant que chacun, au-delà de sa fonction, fait partie d'un tout qui est commun à l'ensemble ;
- de rappeler que l'on avance ensemble, avec des valeurs et des références communes ;
- d'affirmer que le regard et la parole portés sur la pratique professionnelle sont utiles et ne doivent pas être assimilés à de la délation mais rester objectifs et bienveillants, empreints du souci permanent du bien-être de l'usager et du professionnel.

6. Soutenir la collaboration entre les acteurs

Il est essentiel de privilégier :

- la promotion d'échanges interdisciplinaires ;
- la recherche et le partenariat entre les acteurs ;
- la cohérence des interventions ;
- l'adaptation des moyens matériels et humains, notamment dans les organisations complexes.

7. Évaluer

Au-delà des principes énoncés, l'IME L'Espérelle s'engage à évaluer le niveau de satisfaction des salariés concernant leur activité professionnelle, en reprenant les principaux items de cette charte chaque année.

Liste des sigles

ADAPEI	Association départementale de parents et d'amis des personnes handicapées mentales
AEMO	Action éducative en milieu ouvert
ANCE	Association nationale des communautés éducatives
ANESM	Agence nationale d'évaluation sociale et médico-sociale
ARS	Agence régionale de santé
ASE	Aide sociale à l'enfance
CAARUD	Centre d'accueil et d'accompagnement à la réduction des risques pour les usagers de drogue
CAFDES	Certificat d'aptitude à la fonction de direction d'établissement social
CHRS	Centre d'hébergement et de réinsertion sociale
CHSCT	Comité d'hygiène, de sécurité et des conditions de travail
CNSA	Caisse nationale de solidarité pour l'autonomie
CPOM	Contrat pluriannuel d'objectifs et de moyens
CREAI	Centre régional d'études, d'actions et d'information en faveur des personnes en situation de vulnérabilité
CSAPA	Centre de soin, d'accompagnement et de prévention en addictologie
CTE	Comité technique d'établissement public
CVS	Conseil de la vie sociale
DRH	Direction/directeur des ressources humaines
DRPJJ	Direction régionale de la protection judiciaire de la jeunesse
EHPAD	Établissement d'hébergement pour personnes âgées dépendantes
ESAT	Établissement de soutien et d'aide par le travail
ESSMS	Établissement ou service social ou médico-social
FAM	Foyer d'accueil médicalisé

IDEA	Institut départemental de l'enfance et de l'adolescence
IME	Institut médico-éducatif
IMPP	Institut médico-psycho-pédagogique
IRP	Instances représentatives des personnels
ISEOR	Institut de socio-économie des entreprises et des organisations
ITEP	Institut thérapeutique, éducatif et pédagogique
MAS	Maison d'accueil spécialisé
MDPH	Maison départementale des personnes handicapées
MECS	Maison d'enfants à caractère social
PFS	Plateforme de services
PJJ	Protection judiciaire de la jeunesse
QAU	Qualité d'accompagnement des usagers
QVT	Qualité de vie au travail
SAMSAH	Service d'accompagnement médico-social pour adultes handicapés
SAVS	Service d'accompagnement à la vie sociale
SESSAD	Service d'éducation spéciale et de soins à domicile
UNIOPSS	Union nationale interfédérale des œuvres et organismes privés non lucratifs sanitaires et sociaux

Références bibliographiques

ANESM, *Le questionnement éthique dans les établissements et services sociaux et médico-sociaux*, Paris, ANESM, 2010.

Asimov Isaac, « How Do People Get New Ideas? », *MIT Technology Review*, (1959), 2014, www.technologyreview.com.

Avenard Geneviève, Toubon Jacques, *Handicap et protection de l'enfance : des droits pour des enfants invisibles*, Paris, Defenseur des droits, 2015.

Bauman Zygmunt, *L'amour liquide. De la fragilité des liens entre les hommes*, Paris, Fayard/Pluriel, 2010.

Beaucourt Christel, Zafiropoulou Maria, « Le rôle accru des cadres intermédiaires dans les entreprises sociales : des médiateurs au service des personnes et des projets », *Cahiers de l'Actif*, n° 382-385, mars-juin 2008.

Bériot Dominique, *Manager par l'approche systémique*, Paris, Eyrolles, 2014.

Bernaud Jean-Luc *et al.* (dir.), *Psychologie de l'accompagnement. Concepts et outils pour développer le sens de la vie et du travail*, Paris, Dunod, 2015.

– (dir.), *Psychologie de la bientraitance professionnelle. Concepts, méthodes et dispositifs*, Paris, Dunod, 2016.

Bonneuil Chrisophe, Fressoz Jean-Baptiste, *L'événement anthropocène. La terre, l'histoire et nous*, Seuil, 2013.

Bouquet Brigitte, *Éthique et travail social : une recherche de sens*, Paris, Dunod, 2006.

Bourion Christian, *Le Bore-Out Syndrom. Quand l'ennui au travail rend fou*, Paris, Albin Michel, 2016.

Boutinet Jean-Pierre, *Anthropologie du projet*, Paris, Presses universitaires de France, 1999.

Chauvière Michel, *Trop de gestion tue le social*, Paris, La Découverte, 2010.

De Grey Aubrey, *Ending aging. The rejuvenation breakthroughs that could reverse human aging in our own life*, New York, St. Martin's Press, 2008.

Dehaene Stanislas, *Le Code de la conscience*, Paris, Odile Jacob, 2014.

Delhon Lætitia, *Pas si fou. Quand un village accueille le handicap psychique*, entretien avec Alain-Paul Perrou, Rennes, Presses de l'EHESP, 2016.

Deshaies Jean-Louis, *Réussir l'amélioration continue de la qualité en action sociale et médico-sociale*, Paris, Dunod, 2006.

–, *Stratégie et management : briser l'omerta ! Un enjeu éthique pour les établissements sanitaires, sociaux et médico-sociaux*, Rennes, Presses de l'EHESP, 2015.

–, « Autoriser et libérer la parole dans un cadre bien posé et bien porté », *Cahiers de l'Actif*, n° 484-487, septembre-décembre 2016.

Foudriat Michel, *La co-construction : une alternative managériale*, Rennes, Presses de l'EHESP, 2016.

Fustier Paul, *Le lien d'accompagnement. Entre don et contrat salarial*, Paris, Dunod, 2005.

Getz Isaac, Carney Brian M., *Liberté et compagnie : quand la liberté des salariés fait le succès des entreprises*, Paris, Flammarion, 2013.

Gomez Jean-François, *Le travail social comme initiation. Anthropologies buissonnières*, Toulouse, Erès, 2013.

Gori Roland, *La fabrique des imposteurs*, Arles, Actes Sud, 2015.

Janvier Roland, *Éthique de direction en institution sociale et médico-sociale*, Montrouge, ESF, 2011.

Jorion Paul, *Se débarrasser du capitalisme est une question de survie*, Paris, Fayard, 2017.

Joule Robert-Vincent, Beauvois Jean-Léon, *Petit traité de manipulation à l'égard des honnêtes gens*, Grenoble, Presses universitaires de Grenoble, 2014.

Lecourt Dominique, *Humain, post-humain. La technique et la vie*, Presses universitaires de France, 2003.

Lenhardt Vincent, Martin Bertrand, Jarroson Bruno, *Oser la confiance : propos sur l'engagement des dirigeants*, Paris, INSEP, 1997.

Lévi-Strauss Claude, *Race et histoire*, Paris, Gonthier, 1967.

Loubat Jean-René, *Coordonner parcours et projets personnalisés en action sociale et médico-sociale*, Paris, Dunod, 2013.

–, *Penser le management en action sociale et médico-sociale*, Paris, Dunod, 2014.

Maillochon Hervé, « Vers un usage libre et participatif de la parole, pour dénouer les nœuds de crispation », *Cahiers de l'Actif*, n° 484-487, septembre-décembre 2016.

Merlier Philippe, *Philosophie et éthique en travail social*, Rennes, Presses de l'EHESP, 2013.

Michel Sandra, *Management : aspects humains et organisationnels*, Paris, Presses universitaires de France, 1999.

Piveteau Denis, *« Zéro sans solution » : le devoir collectif de permettre un parcours de vie sans rupture pour les personnes en situation de handicap et pour leurs proches*, Paris, Ministère des affaires sociales et de la santé, 2014.

Ricœur Paul, *Soi-même comme un autre*, Paris, Seuil, 1990.

Rosa Hartmut, *Accélération. Une critique sociale du temps*, Paris, La Découverte, 2013.

Santolaria Nicolas, « Le *brown-out*, lorsque le salarié est laminé par l'absurdité quotidienne des tâches à accomplir », *Le Monde*, 13 octobre 2016.

Savall Henri, Zardet Véronique, *Maîtriser les coûts et les performances cachés*, Paris, Economica, 1995.

–, *Ingénierie stratégique du roseau : souple et enracinée*, Paris, Economica, 1999.

Schön Daniel, *Le praticien réflexif. À la recherche du savoir caché dans l'agir professionnel*, Montréal, Les Éditions Logiques, 1994.

Sérieyx Hervé, *Ce que je crois : est-ce que le manage... ment ?*, Paris, Éditions d'Organisation, 2003.

Supiot Alain, *La gouvernance par les nombres*, Paris, Fayard, 2015.

Tomasella Saverio, *Le syndrome de Calimero*, Paris, Albin Michel, 2017.

UNIOPSS, Lafore Robert (dir.), *Faire société. Les associations de solidarité par temps de crise*, Paris, Dunod, 2010.

Vautrin Claude, *Mapuche et fier de l'être*, Kaïros, 2016.

Weinberg Achille, « Comment dompter les institutions ? », *Sciences humaines*, n°233, « Et si on repensait tout ? », janvier 2012.

Liste des témoignages

Table des matières

Un avenir à (re)construire

Dans la même collection

Protéger les majeurs vulnérables.
L'intérêt de la personne protégée (vol. 2)
Karine Lefeuvre et Sylvie Moisdon-Chataigner (dir.), 2017

Protéger les majeurs vulnérables.
Quelle place pour les familles ? (vol. 1)
Karine Lefeuvre et Sylvie Moisdon-Chataigner (dir.), 2015

Paternités
Daniel Coum, 2016

Pas si fou.
Quand un village accueille le handicap psychique
Lætitia Delhon, 2016

Quand j'étais petit, on m'a retiré de ma famille.
Paroles de témoins
Pierre Cadoux et Claude Domange (dir.), 2015

Amours de vieillesse
Marick Fèvre et Nicolas Riguidel (dir.), 2014

Conception : Presses de l'EHESP
Réalisation : PCA-CMB Graphic - Rezé
Achevé d'imprimer sur les presses
de l'imprimerie Sepec à Peronnas
Dépôt légal : septembre 2017
N° d'impression : N10715170903
Imprimé en France

pca
cmb
édition pré-presse
livres numériques

44400 Rezé